Fons Delnooz und Patricia Martinot

Spirituelle Hilfe

Für die persönliche Entwicklung und für Menschen, die anderen helfen

W0309333

WINDPFERD

Wichtiger Hinweis: Die in diesem Buch vorgestellten Informationen sind sorgfältig recherchiert und wurden nach bestem Wissen und Gewissen weitergegeben. Dennoch übernehmen Autor und Verlag keinerlei Haftung für Schäden irgendeiner Art, die direkt oder indirekt aus der Anwendung oder Verwendung der Angaben in diesem Buch entstehen. Die Informationen in diesem Buch sind für Interessierte und zur Weiterbildung gedacht und sollten keinesfalls ärztlichen Rat und Hilfe ersetzen.

Titel der Originalausgabe *Spirituele Verdieping*
© 2003 by Uitgeverij Ankh-Hermes bv, Deventer

1. Auflage 2004
© 2004 by Windpferd Verlagsgesellschaft mbH, Aitrang
Alle Rechte vorbehalten
Umschlaggestaltung und Layout: Marx Grafik & ArtWork
Gesamtherstellung: Schneelöwe Aitrang
ISBN 3-89385-453-3
www.windpferd.de

Printed in Germany

Inhaltsverzeichnis

Teil 3

Spirituelle Hilfe

Vorwort

In diesem Buch geht es um spirituelle Entwicklung. Es wendet sich an zwei Zielgruppen: an alle Menschen, die sich spirituell weiterentwickeln und vielleicht auch Kinder auf diesem Weg begleiten möchten, sowie an alle, die andere Menschen beruflich oder privat fördern oder betreuen. Im ersten Teil des Buches erläutern wir Grundbegriffe, im zweiten Teil behandeln wir die spirituelle Entwicklung in den einzelnen Lebensphasen. Der dritte Teil ist für all jene bestimmt, die Spiritualität in ihre Arbeit integrieren wollen. Das sind zum Beispiel Menschen, die körperlich oder seelisch Kranke betreuen oder Sterbenden helfen.

Im dritten Teil geht es unter anderem um folgende Themen: Welchen Wert hat die Spiritualität? Wie kann sie unsere Arbeit ergänzen? Was bedeutet sie für die Entwicklung eines Menschen? Wie gehen wir mit ihr um? Diese Aspekte sind nicht nur für „Profis" wichtig. Mit ein wenig gutem Willen können wir alle davon profitieren – denn ist nicht jeder Mensch sein eigener Helfer, der wissen sollte, wie er sich ändern kann? Und müssen wir nicht dem Partner, Freunden und Bekannten helfen? Jeder braucht also tiefe Einsicht in Entwicklungsprozesse. Nicht zuletzt haben auch Eltern die Pflicht, ihre Kinder zu unterstützen. Darum ist es wichtig, dass sie intensiven Kontakt mit ihrer Quelle haben und ihr Kind von dort aus zu seiner eigenen inneren Quelle führen.

TEIL 1

GRUNDBEGRIFFE UND IHRE BEDEUTUNG FÜR DAS TÄGLICHE LEBEN UND FÜR MENSCHEN, DIE ANDEREN HELFEN

1 Was ist Spiritualität?

Spiritualität … was ist das eigentlich? Viele Menschen denken dabei an das „Tiefe“ und „Unfassbare“, das zwar etwas mit Religion zu tun hat, aber nicht damit identisch ist. Der Begriff ist also ziemlich unklar. Doch wenn Sie selbst eine spirituelle Entwicklung hinter sich haben, ist dieses Wort nicht mehr vage, sondern sehr konkret. Es mag sein, dass Sie darüber ganz anders denken; aber das gehört nun einmal zur geistigen Freiheit, die der Begriff „Spiritualität“ einschließt.

Der Weg zum Kern

Jeder Mensch hat eine Innenwelt und eine Außenwelt. Die äußere Welt ist die Welt, in der wir leben: die greifbare Welt, die wir sehen, hören, fühlen, riechen und schmecken können. Am Rande der greifbaren Welt arbeitet der Geist, den die Sinnesorgane mit Informationen versorgen, so dass er Entscheidungen treffen kann, die zu einem großen Teil auf diesen Daten beruhen. Die Welt der Sinne und des Geistes ist die Welt, in der wir jeden Tag leben und handeln.

Es gibt Menschen, die an eine rein materielle Welt glauben. Für sie gibt es nichts als die Außenwelt. So denkt jedoch nur ein sehr kleiner Teil der Weltbevölkerung. Wenn wir die Jahrtausende lange Geschichte der Menschheit und die unterschiedlichen Kulturen betrachten, überrascht es uns, wie fest die Menschen immer daran geglaubt haben, dass es auf dieser Welt mehr gibt, als die Sinnesorgane wahrnehmen.

Erforschen wir zunächst einmal die Innenwelt, den „Kern“. Dies ist die Quelle, der wir entsprungen sind. Ist das nicht eine bemerkenswerte Behauptung? Unser heutiger Kern ist die Quelle, aus der wir kommen. Das bedeutet, dass wir in unserem Kern die Quelle *sind.* Im Kern gibt es keinen Unterschied zwischen uns und der Quelle. Dort sind wir mit der Quelle vereint. Aber es besteht ein Unterschied zwischen unserem täglichen Leben und der Quelle. Normalerweise nehmen wir unsere Quelle nicht deutlich wahr. Dennoch sendet sie ständig Signale an unsere Person in der Außenwelt. Die Quelle ruft uns, weckt uns, teilt uns ihre Anwesenheit mit. Darum suchen wir – all die Milliarden Menschen, die im Laufe der Jahrtausende ihre innere Stimme hörten, die sie aufforderte, nach Hause zu gehen: zum Kern, zur Quelle. Wir alle sind auf demselben Weg und haben dasselbe Ziel: Wir wollen die eine, absolute Quelle finden, um in ihr und aus ihr zu leben.

Zwischen unserer Quelle und dem täglichen Leben liegt eine Kluft. Es besteht also ein Unterschied zwischen der Welt, in der wir leben, und der inneren Welt, die unsere Quelle ist. Mit diesem Unterschied befassen wir uns hier, also mit dem Weg zur Quelle, mit der Spiritualität. Wenn wir nach der Quelle in uns suchen, verlassen wir die greifbare Welt und gehen auf Reisen. Kein Mensch hat die Quelle jemals mit seinen materiellen Augen gesehen, und kein Chirurg hat sie je mit seinem Skalpell entdeckt. Sie besteht nicht aus sichtbarer Substanz. Dennoch ist sie die Quelle unseres materiellen Körpers. Wenn wir sie suchen, verlassen wir also die materielle Ebene. Der weite Raum, der dann vor uns liegt, ist das große Gebiet zwischen der materiellen Welt und unserer Quelle. Wie können wir von der materiellen Ebene aus die immaterielle Quelle wahrnehmen und erforschen? Gar nicht. Das ist unmöglich. Solange wir uns auf die Materie beschränken, können wir die Quelle nicht wahrnehmen und nicht erreichen. Trotzdem ruft sie uns. Wie können wir diese Kluft überwinden? Wir brauchen uns nur nach innen zu wenden, und schon hat die Reise begonnen. Sobald wir die Sinnesorgane nicht mehr auf die materielle Außenwelt richten, sondern nach innen lenken, haben wir den ersten Schritt getan. Dies ist das große Paradoxon. Das Göttliche, die Quelle, liegt in jedem Sandkorn. Dennoch nehmen wir es erst dann wahr, wenn wir uns nach innen wenden. Nur dann überschreiten wir die materielle Grenze und betreten unsichtbare Gefilde: den Weg zur Quelle.

Der spirituelle Mensch ist der Mensch auf der Suche nach der Quelle. Spiritualität ist die Suche nach der Quelle, das Erforschen der Quelle und die Kontaktaufnahme mit ihr. Sie ist der Weg nach innen.

Das hört sich so an, als sei die Quelle ein Schatz, den wir nur finden, wenn wir das Ende des Weges erreicht haben. Teilweise stimmt das, denn erst wenn wir mit der Quelle eins sind, ist die Reise zu Ende. Aber unterwegs wird das Licht, das die Quelle in uns ausstrahlt, immer stärker. Am Ende des langen Weges scheint ein helles, klares Licht. Anfangs sehen wir es nur unscharf; aber je mehr wir uns ihm nähern, desto heller wird es und desto stärker erleuchtet es unseren Weg. Das Licht scheint also ständig mit voller Kraft in uns. Es ist unser Wesenskern. Wir selbst, als Person, nehmen das Licht nicht oder undeutlich wahr.

Religion, Spiritualität und die Quelle

Religionen sind große gesellschaftliche Bewegungen, die einer tiefen Sehnsucht nach der Quelle entsprungen sind. Lehrer haben den Weg zur Quelle gezeigt, und andere sind ihnen gefolgt. Sie haben Oberhäupter gewählt, Bauwerke errichtet, Gebote und Regeln erlassen. Das ursprüngliche Ziel einer Religion besteht darin, den Menschen den Weg zur Quelle zu zeigen. Ist das nicht das einzige wichtige Kriterium, wenn wir Einrichtungen untersuchen, die eine Religion leiten und „umsetzen"? Müssen wir nicht jede Religion fragen: Bist du für mich der rechte Weg zur Quelle? Viele Religionen sind heute erstarrt und zeigen nicht mehr den Weg zur Quelle in jedem Menschen. Wie könnte es anders sein? Wenn jeder das Recht hat, die Quelle in seinem Inneren zu suchen, verlieren die Träger einer Religion, beispielsweise die Kirchen, erheblich an Macht, denn sie vermitteln das Wissen über die Quelle dann nicht mehr allein. Dennoch können sie Wegweiser sein – aber nicht mehr. Denn Spiritualität bedeutet, dass jeder Mensch die Quelle selbst suchen muss. Ein anderes Lebensziel gibt es nicht. Wir müssen bewusst werden. Hier berühren sich Religionen, deren Träger und das Spirituelle. Wenn eine Religion und ihre Institutionen den Menschen den Weg zum tieferen Wert des Lebens zeigen, ihnen ihre Aufgabe bewusst machen, sie über den Kern ihres Seins unterrichten, dann sind sie spirituell. Wenn sie die Menschen von diesem Weg abhalten, kann von Spiritualität keine Rede sein – es sei denn, ein Mensch geht den Weg gegen den Willen der Religionen und ihrer Vertreter.

Spiritualität ist also der Weg zur Quelle, der innere Weg, der Weg, den niemand für uns gehen kann. Die Bibel sagt über diesen Weg:

Suchet, so werdet ihr finden. Klopfet an, so wird euch aufgetan.

2 Spiritualität und Hilfe

Wir sollen Menschen helfen, die ein Problem haben. Das hört sich einfach an. Letztlich liegt der Art der Hilfe und deren Ziel etwas Großes zugrunde: unser Menschenbild. Was ist der Mensch? Welche Aufgabe hat er auf Erden? Welche Rolle spielt er im Ganzen? Wenn wir verstehen, was der Mensch ist und wofür er bestimmt ist, können wir anderen helfen. Wir können sie auf ihrem Weg zum Ziel unterstützen. Auf dieser Grundlage wollen wir untersuchen, worin unsere Hilfe bestehen sollte.

Zu den Menschen, die anderen von Berufs wegen helfen, gehören klinische Psychologen und Psychiater. Die Ersteren zählen zu den Sozialwissenschaftlern, die Letzteren zu den Medizinern. Das Wort *psyche* stammt aus dem Griechischen und bedeutet „Seele", „Lebensatem" und „Lebenskraft". Psychologen und Psychiater befassen sich also mit der Seele, jeweils auf ihre Weise. Auch hier gibt die ursprüngliche Bedeutung des Wortes das ursprüngliche Ziel an. *Logos* bedeutet, dass der Psychologe mit Hilfe seines Verstandes, seiner Logik, Wissen über die Seele erworben hat. *Iatreuo* heißt „heilen". Der Psychiater will somit die Seele heilen. Er ist ein Arzt, der sich auf Krankheiten der Seele spezialisiert hat, dessen Ziel deren Genesung ist. Leider reden die heutigen Psychologen und Psychiater nicht mehr von der Seele – sie können damit nichts anfangen. Zwei wichtige Gründe hierfür wollen wir hier erwähnen. Die Seele war immer die Domäne der Religionen. Früher war die Religion unlösbar mit vielen Aspekten der Gesellschaft verbunden; doch in der zweiten Hälfte des vorigen Jahrhunderts begann sich diese Verbindung aufzulösen. Die Kirchen zogen sich auf ihr kleines Kerngebiet zurück und lösten sich in erheblichem Umfang von der Gesellschaft. Und selbst die Kirchen wissen oft nicht mehr, was sie mit der Seele zu tun haben. Das erfuhren wir auf einer Beerdigung, als der Pastor in seiner Ansprache bekannte: *„Sie haben viele Fragen darüber, was nach dem Tod geschieht. Ich habe sie auch. Wir haben keine Antworten. Wir teilen Ihre Unsicherheit."* Das war ein allzu karger Trost!

Der zweite Grund dafür, dass unsere Hilfsberufe mit dem Namensgeber ihres Faches – der Seele – nicht mehr viel anfangen können, liegt darin, dass die Psyche nicht in das derzeitige wissenschaftliche Weltbild passt. Psychologen, Pädagogen und Psychiater werden wissenschaftlich ausgebildet. Das Weltbild, das sie mit großen Augen anstarren, ist das empirische Modell der Wissenschaft. Sie wollen eine greifbare Wirklichkeit und deren Phänomene messen. Alles muss mit den Sinnen wahrnehmbar sein. Das ist die Seele nicht. Und darum ist sie kein Forschungsgegenstand der Wissenschaftler mehr.

Was bleibt übrig? Ein Mensch mit körperlichen Funktionen, Sinnesorganen, Gefühlen und Gedanken. Was kann dann noch das Ziel der Hilfe sein? In der Praxis geht es nur noch um das Aufrechterhalten dieser Vorgänge. Dieses ziemlich armselige Ziel wird zudem durch das verfügbare Geld und natürlich auch durch die Politik weiter eingeschränkt. Für das körperliche Wohl stehen enorme Geldbeträge zur Verfügung, für das seelische Wohl erschreckend geringe. Dabei wird auch noch übersehen, dass jede seelische Störung letztlich den Körper aus dem Gleichgewicht bringt.

Wird der Seele nicht mehr geholfen, bleibt nur noch das Leben auf der Erde übrig. Wenn die Seele jedoch wirklich existiert und das Leben auf Erden einem höheren Ziel innerhalb der Schöpfung dient, verfehlen die professionellen Helfer ihr Ziel. Wir möchten ihnen gerne unsere Auffassung vorstellen.

Der Mensch besteht aus zwei Teilen: einem materiellen Teil, damit er hier auf Erden leben und handeln kann, und einem feinstofflichen Teil, der Seele. Wenn das Leben auf der Erde zu Ende geht, löst sich der materielle Teil auf, und die Seele lebt weiter. Die Seele lebt im Grunde auf zwei Ebenen zugleich: in einer feinstofflichen Welt und in einer materiellen Welt. Wenn die Seele auf der materiellen Welt geboren wird, bringt sie ihr Wissen und ihre Weisheit mit. Stirbt der Körper, nimmt die Seele das Wissen, die Einsichten und die Erfahrungen von der materiellen Ebene auf die feinstoffliche Ebene mit. Die Welt, in der die Seele nicht an einen Leib gebunden ist, wird auch Astralwelt genannt.

Nun können wir uns mit unserem Kern befassen. Dieser Kern ist reines Bewusstsein, und für unsere Zwecke ist es sehr wichtig, mehr darüber zu erfahren. Der Kern stammt unmittelbar aus der göttlichen Sphäre, die wir Menschen nicht so leicht wahrnehmen können. Sie ist das Gebiet der Mystiker und der erleuchteten Meister. Wenn sie nach Worten suchen, um diesen Bereich zu beschreiben, greifen die Worte immer zu kurz. Die göttliche Welt befindet sich nämlich in einer anderen Dimension als unsere

Welt. Unsere Welt ist dualistisch, die göttliche Welt ist nicht dualistisch. Sie ist nicht geteilt. Von dieser Welt der Einheit haben sich Bewusstseinspartikel getrennt, um in der dualistischen Welt zu leben. Das Paradoxe ist, dass ihr Ziel darin besteht, bewusst zu werden. Das höchste Bewusstsein entsteht, wenn wir, geläutert durch die Erforschung der Dualität, zur Einheit zurückkehren. Wir alle sind auf dem Weg nach Hause, zur Einheit. Der Kern ist das totale Einheitsbewusstsein, die Einheit mit dem All.

Jesus erklärte das so:[1]
Wenn ihr aus einem zwei macht
Und das Innerste zum Äußersten
Und das Äußerste zum Innersten
Und das Höchste zum Niedrigsten,
Wenn ihr das Männliche mit dem Weiblichen vereint,
Damit das Männliche nicht männlich bleibe
Und das Weibliche nicht weiblich ...
Dann sollt ihr ins Reich gelangen.

Man kann also sagen, dass der Mensch zwei Dimensionen hat: die Dimension der Dualität und die über ihr liegende Dimension der Einheit. Die Außenwelt ist dual, die Innenwelt steht über ihr und ist nicht dual. Das Ziel des Lebens besteht darin, die Trennung zwischen diesen beiden Welten aufzuheben. Die äußere Welt und die innere Welt werden dann vereint. Wenn das geschieht, stehen wir oberhalb der Dualität: Wir sind eins mit dem Ganzen.

Der Mensch ist also imstande, sich über die Dualität zu erheben. Insofern ist er einzigartig unter den Geschöpfen. Die göttliche Ebene ist in jedem Aspekt der Schöpfung enthalten, in jedem Sandkorn. Doch nur der Mensch kann sich mit ihr vereinen. Darum ist es eine besondere Chance, Mensch zu sein. Es ist eine Chance, die viele Bewusstseinsformen, auch kosmische, sehr gerne nutzen würden. Aber wir müssen eine bestimmte Entwicklung hinter uns haben, um diese Chance zu bekommen. Nehmen wir unsere Chance wahr – als Individuum, als Mann oder Frau, als Vater oder Mutter, als Gesellschaft, als Welt?

Spiritualität ist die Reise zum Kern. Es ist eine bewusste Reise, eine Entwicklung des Bewusstseins. Können wir anderen dabei helfen? Ist das überhaupt sinnvoll? Sollte das die Hauptaufgabe jeder Hilfeleistung sein?

Wie bereits erwähnt, ist das Ziel der Hilfe eng mit der Erkenntnis verbunden, welche Aufgabe wir auf Erden haben. Wir haben festgestellt, dass die Wissenschaften entseelt sind, weil sie die Seele aus ihrem Fachgebiet verbannt haben. Für uns gehört die Seele unbedingt zu unserem Fachgebiet. Für uns hat das Leben auf Erden eine tiefe Bedeutung: Es ist unsere Chance, zu wachsen und zur Quelle zurückzukehren. Dies ist das Ziel, nach dem das ganze Leben ausgerichtet ist. Aber wir gelangen nicht schon deshalb ans Ziel, weil wir leben. Im Gegenteil: Wir können uns verirren und uns von der Quelle immer weiter entfernen. Wir müssen also wissen, wie wir die Quelle finden; wir brauchen Führer. Professionelle Helfer können solche Führer sein, aber sich können uns auch von der Quelle ablenken. Sie können uns halb blind die Richtung zur Quelle zeigen, aber sie können auch ein helles Licht sein, das den Weg klar und deutlich weist. Wir behaupten nicht, dass wir den Weg hell erleuchten können – das setzt ein sehr hohes spirituelles Bewusstsein voraus. Aber wir sind auf dem Weg. Wir sehen Teile des Weges klar, und diese Teile wollen wir in diesem Buch so gut wie möglich beschreiben. Wir hoffen, dass wir Sie dadurch inspirieren und Ihnen helfen können, Ihren eigenen Weg zu finden, so wie andere Menschen uns inspiriert haben.

Das Ziel der spirituellen Hilfe besteht darin, Menschen auf ihrem Weg zur Quelle zu helfen. Dieser Weg ist ein Weg des Bewusstwerdens. Bewusst werden wir nicht dadurch, dass wir tun, was andere sagen, oder indem wir andere nachahmen, sondern indem wir selbst wahrhaft suchen. Jeder Mensch muss den Weg selbst suchen; einen anderen Weg zur Quelle gibt es nicht. Spirituelle Hilfe kann uns den Sinn des Lebens und sein Ziel – die Quelle – bewusst machen. Sie kann für uns Anleitung auf dem Weg sein und uns zeigen, was zum Kern führt und was davon ablenkt. Doch selbst den kleinsten Schritt auf dem Weg nach Hause muss jeder alleine gehen.

Damit ist der Rahmen dieses Buches gesteckt. Viele Menschen werden sich innerhalb dieses Rahmens wieder finden. Für andere geht das alles etwas zu weit, oder es ist völlig unverständlich. Dennoch ermuntern wir auch sie, weiter zu lesen. Einerlei, ob Sie dieses Buch lesen, um ihre eigene Entwicklung zu fördern, oder ob Sie damit anderen helfen wollen – es kann Sie ein Stück weiter bringen, wenn Sie über die Grenzen der Schulweisheit hinausschauen wollen.

3 Anderen helfen

Was ist spirituelle Hilfe? Was macht uns zu guten Helfern? In diesem Buch werden wir uns mit diesen Fragen mehrere Male befassen. Hier wollen wir uns auf einige besondere Aspekte des Themas beschränken.

Wenn Menschen professionelle Helfer aufsuchen, geht es immer um Lebensprobleme. Therapeuten (im weitesten Sinne) müssen daher wissen, welches Ziel unser Leben hat und wie Menschen sich entwickeln. Auf diesem Gebiet ist man ständig aufgefordert, weiter zu gehen und tiefer zu dringen – tiefer in Richtung Kern. Worum geht es im Leben des Menschen, was ist wesentlich, und was ist Beiwerk? Wie finden wir das Wesentliche, und wir lösen wir uns vom Beiwerk? Diese Fragen betreffen natürlich nicht nur den Hilfesuchenden, sondern auch den Therapeuten. Dank seines Fachgebietes lernt er immer mehr über das Leben und dessen Wert. Er lernt zu leben, sein Patient lernt von ihm, und er lernt vom Patienten.

Zwischen dem Therapeuten und seinem Patienten besteht eine besondere Beziehung. Innerhalb dieser Beziehung kann ein Mensch tief in die Seele eines anderen eindringen. Das geschieht nicht nur dadurch, dass der Therapeut die richtigen Fragen stellt, sondern vor allem auch dadurch, dass er zuhört. Wer ist der Mensch, der ihm gegenüber sitzt? Was ist sein wirkliches Problem? Das erfordert eine tief greifende intuitive Einstimmung. Man könnte dieses Verhältnis eine „heilige Begegnung“ nennen. Das Wort „heilig“ erinnert an das Ziel der Spiritualität in der Therapie: Wir helfen dem anderen auf dem Weg zu seiner Quelle. Das setzt auch tiefen gegenseitigen Respekt voraus. Dieser Respekt ist völlig unabhängig davon, wer der Mensch ist und was er auf dieser Welt getan oder nicht getan hat. Wir schätzen ihn so, wie er ist, mit allen seinen Stärken und Schwächen, ohne zu urteilen, ohne Forderungen zu stellen, ohne ihm Vorwürfe zu machen. Das ermöglicht eine ehrliche und aufrichtige Selbsterforschung: den Weg zur Quelle.

Hilfeleistung in diesem Sinne ist nicht einfach. Sie hängt ganz von der Persönlichkeit des Therapeuten ab. In anderen Berufen ist das anders. Auch ein Automechaniker muss seinen Beruf erlernen und sein Wissen bewahren. Außerdem benötigt er einige Fertigkeiten, zum Beispiel genaues und zuverlässiges Arbeiten. Dann ist er ein guter Mechaniker. Der Therapeut hält im Grunde nur ein „Werkzeug" in den Händen: sich selbst. Eine Beratung kann niemals besser sein als die Ebene, die er im Laufe seiner Entwicklung erreicht hat. Wer ein Auto repariert, folgt standardisierten Abläufen. Für die Arbeit mit Menschen gibt es keine Standards. Dafür braucht man Antworten auf Fragen wie: Welches Ziel hat unser Leben? Welchen Wert hat das Leben? Wie entwickelt sich der Mensch? Wie lösen wir Probleme? Wie können wir anderen helfen, ihrem Kern so nahe wie möglich zu kommen? Was ist Spiritualität? Welche Werte und Normen sind im Leben wichtig, und welchen Wert hat die spirituelle Hilfe? Die Antworten findet man nicht in Büchern. Sie müssen von innen kommen, wenn sie für eine Hilfeleistung nützlich sein sollen. Der innere Prozess des Therapeuten bestimmt also in hohem Maße, was der Therapeut für den Patienten tun kann – ob er ihm wirklich helfen kann. Das ist kein einfacher Prozess. Er setzt eine bestimmte Haltung und intensive Arbeit an sich selbst voraus. Neben der Einsicht sind gewisse Fertigkeiten unabdingbar. Ein Therapeut sollte eine gute Intuition besitzen, den Patienten zum Kern führen können, mit dem Widerstand des Hilfesuchenden umgehen können, dennoch auf den nötigen Abstand achten und sein eigenes Energiefeld rein halten.

Dies ist die eine Seite der Hilfeleistung. Man erlernt sie vor allem im Leben, indem man das Leben und sich selbst genau studiert. Das geschieht hauptsächlich außerhalb der formellen Ausbildung und der eigentlichen Arbeitszeit. Aber es gibt noch eine Seite: die gründliche Schulung. Wie sehr dieser Aspekt unterschätzt wird, erleben wir oft bei Kursen, die etwas mit dem „New Age" zu tun haben. Es sind meist kurze Veranstaltungen, die den Teilnehmer rasend schnell zum „Therapeuten" machen wollen. Da solche Kurse sich außerhalb der Konvention befinden, halten viele Menschen sie für etwas ganz Besonderes – und darum müssen sie gut sein. Dabei wird vergessen, dass die Entwicklung zum Therapeuten ein jahrelanges Studium unter der Anleitung von fachkundigen und erfahrenen Therapeuten voraussetzt. Man braucht viel Übung unter fachkundiger Aufsicht. Es gibt nun einmal viele Fallstricke, und diese lernt man nur dann kennen, wenn man sich mindestens einmal darin verfängt.

Bei der konventionellen Ausbildung vermissen wir die spirituelle Tiefe. Bei der alternativen Ausbildung fehlt es oft genug an reinem Fachwissen. Beides ist unverzichtbar, um anderen helfen zu können.

4 Der Weg zum Kern

So wie man abgetragene Kleider wegwirft und neue anzieht,
legt die Seele den abgetragenen Körper ab und sucht sich einen neuen.

Bhagavadgita, Vers 2,22

Der Weg zurück zur Quelle ist lang. Ein Leben auf Erden reicht dafür nicht aus. Darum hat der Mensch die Möglichkeit, mehrere Male auf der Erde zu leben. Dieses Prinzip nennen wir Reinkarnation. Das bedeutet wörtlich „Rückkehr ins Fleisch". Es bedeutet zugleich, dass die Seele weiterlebt und der Körper zurück bleibt. Wir haben viele Leben, und jedes von ihnen ist ein Schritt auf dem Weg zur Quelle. Es gibt viele Wege zur Quelle, wie die folgende Zeichnung schematisch zeigt:

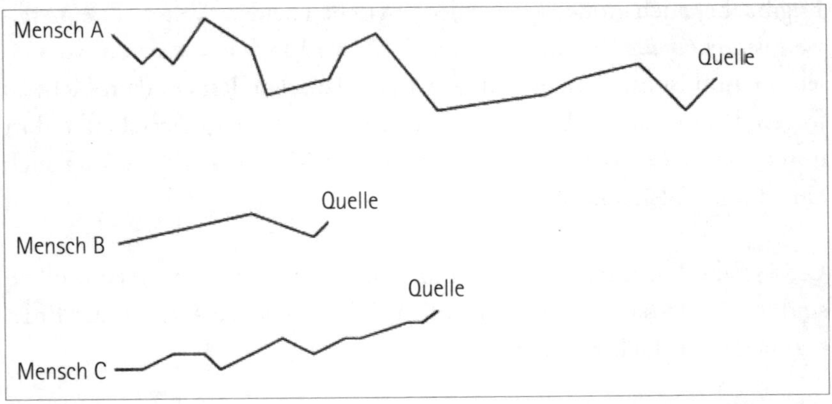

Abbildung 1: Menschen folgen vielen verschiedenen Wegen zur Quelle. Dies ist eine symbolische und verkürzte Darstellung des Lebensweges

Mensch A macht auf dem Weg zur Quelle viele Umwege. Der Preis dafür ist unnötiges Leid für ihn und seine Mitmenschen. Die Quelle ist trotz vieler Leben noch weit entfernt.

Mensch B geht geradewegs aufs Ziel zu. Doch als er die Quelle fast erreicht hat, weicht er vom Weg ab. Das zeigt, dass wir immer stürzen können, selbst wenn die Quelle nahe ist.

Mensch C geht ziemlich gleichmäßig auf die Quelle zu.

Die Welt der Seele

Die menschliche Seele ist ein Stück Bewusstsein, das zu höherem Bewusstsein gelangen soll. Darum lebt sie in zwei Welten. In diesem Augenblick lebt sie in der astralen Welt, im nächsten in der materiellen Welt, die uns so vertraut ist. Die Astralwelt und die Erde sind sich in vieler Hinsicht ähnlich. In beiden gibt es Licht und Dunkelheit (darauf gehen wir später ausführlicher ein). Auf beiden Ebenen können wir lernen und wachsen. Auf beiden leben wir in einer Gesellschaft: auf der astralen Ebene mit anderen Seelen, in der materiellen Welt mit anderen Menschen. Der Kontakt mit „Artgenossen" macht das Lernen erst möglich. Auf der astralen Ebene wird die Seele intensiv geschult. Ihre Lehrer sind Engel, die im Licht stehen und der Seele daher den Weg zur Quelle zeigen können. Auch andere, weiter entwickelte Seelen dienen als Betreuer. Seele und Mensch haben einen freien Willen. Wie wir noch sehen werden, ist dies unbedingt notwendig, damit wir uns in Richtung Quelle entwickeln.

Es gibt aber auch große Unterschiede zwischen beiden Welten. Die Astralwelt ist *psychoplastisch*, also „formbar". Sie wird so, wie wir sie uns vorstellen. Darum ist es so wichtig, dass wir als Menschen lernen, dem Licht zu folgen. Dann tun wir das auch auf der astralen Ebene und erschaffen dort unsere eigene Lichtwelt. Wenn wir die Dunkelheit vorziehen, wartet auch eine dunkle Welt auf uns.

Die Astralwelt kennt keine Entfernungen. Wenn wir irgendwo sein wollen, sind wir schon da. Das geht unendlich viel schneller als hier auf der Erde, sozusagen mit Lichtgeschwindigkeit.

Auf der Erde brauchen wir viel Zeit und geistige Anstrengung um etwas auszudenken und zu machen. Wir müssen zielgerichtet denken. Dieser Weg des Erschaffens ist lang, so dass unsere Erfahrung in tausend Stücke zerbricht. Doch jede Erfahrung kann uns bewusster machen.

Die Lektionen des Lebens

Das Leben soll Bewusstseinsformen die Möglichkeit geben, die Dualität zu überwinden. Was ist Dualität? Das sind die Pole der materiellen Welt. Hier ist alles zweigeteilt: Es gibt Licht und Dunkelheit, Kälte und Wärme, Liebe und Hass, Macht und Ohnmacht. Auch der Mensch spiegelt die

Dualität wider: Es gibt Männer und Frauen, eine rechte und eine linke Körperhälfte, einen Pol, der auf die geistige Welt zielt, und einen Pol, der auf die materielle Welt zielt. Das Leben ist der Rahmen, in dem wir die Lektionen lernen, die wir lernen müssen.

Das *Zwischenleben*, das Leben der Seele in der Astralwelt zwischen zwei Inkarnationen, ist eine Vorbereitung auf das neue irdische Leben. In dieser Phase erforschen wir, mit welchen Themen wir uns im nächsten Leben befassen sollen und mit wem wir dies am besten tun können. Dabei wird die Seele von Engeln und höher entwickelten anderen Seelen beraten. Bei der Entscheidung, wo wir geboren werden, spielen mindestens zwei Aspekte eine Rolle. Viele Seelen inkarnieren immer wieder gemeinsam, wenn auch in verschiedenen Rollen: als Vater, Mutter, Sohn, Tochter, Neffe, Stiefmutter, Großvater, Großmutter, Freund oder Feind. Die einzelnen Rollen bieten Gelegenheit, das Thema umfassend zu behandeln. Der zweite Aspekt ist die Bewusstseinsebene der Eltern vor der Empfängnis. Eltern ziehen eine Seele an, die vergleichbare geistige Eigenschaften hat.

Wir können uns die Lektionen, die wir auf der Erde lernen wollen, als Themen vorstellen. Nehmen wir das Thema „auf eigenen Füßen stehen" als Beispiel. Die Seele, die daran arbeiten will, sucht sich einen geeigneten Rahmen. Dafür hat sie im Prinzip zwei Möglichkeiten. Die eleganteste besteht darin, auf positive Weise zu lernen, etwa durch Eltern, die ein gutes Vorbild sind. Der andere Weg ist die Konfrontation. Die Seele sucht sich dann ein Umfeld, das sie zwingt, sich durchzusetzen, damit ihre Situation nicht unerträglich wird. Wenn die Eltern beispielsweise ihrem Kind keine Gelegenheit geben, sich zu entfalten, wird das Kind irgendwann dennoch aufbegehren, weil sein Schmerz sonst zu groß wird. Kann das Kind diese Kraft nicht aufbringen, spielt das Thema trotzdem eine große Rolle in seinem Leben. Als Erwachsener bekommt dieser Menschen dann einen Partner, der sehr dominant ist, oder einen Chef, der ihm nicht die Chance gibt zu zeigen, was in ihm steckt.

Wir suchen uns also eine bestimmte Umgebung, einen bestimmten Charakter und ein bestimmtes Entwicklungsniveau aus. Das ist der große Rahmen, in dem wir unsere Lektionen lernen. Allen beteiligten „Spielern" steht es in jedem Augenblick frei zu handeln – darauf kommen wir noch ausführlich zurück. Darum kann das, was geschieht, nicht von vornherein festliegen, jedenfalls nicht in der dualen Welt. Es gibt allerdings eine Ebene, auf der Vergangenheit, Gegenwart und Zukunft zusammenfallen. Dort sind die Entscheidungen bekannt, die jeder Mensch aus freiem Willen getroffen hat, trifft oder treffen wird. Das bedeutet aber nicht, dass unser Weg vorbestimmt ist. Nein, unsere Entscheidungen sind nur „von vornherein" bekannt, und deshalb ist auch unser Weg bekannt. Der freie Wille ist die Essenz, die uns zur Bewusstheit führt.

Jede Seele kommt also mit ihrem eigenen Plan auf die Erde. Der Plan entspricht ihrer Bewusstseinsebene. Hat die Seele bereits einen großen Teil des Weges zur Quelle zurückgelegt, bekommt sie auf der Erde ganz andere Aufgaben als eine Seele, die ihre ersten wackeligen Schritte tut.

Sobald wir auf der Erde sind, können wir „blind" leben und uns von dem leiten lassen, was wir erfahren – von Leidenschaften, Trieben und Emotionen. Dann lernen wir die Lektionen des Lebens, aber die Gefahr ist groß, dass wir sehr große Umwege gehen. Umwege bedeuten immer Leiden. Darum ist es wichtig, Abkürzungen zu suchen und das Ziel genauer anzusteuern. Wir müssen die Lektionen des Lebens liebevoll, respektvoll, unmittelbar und gründlich lernen. Das setzt voraus, dass wir nicht blind, sondern bewusst leben und Wissen und Einsicht erlangen.

Der Buddhismus und der Hinduismus, die zwei prächtigen östlichen Wege zur Quelle, sagen klar und deutlich, wie man die Lektionen des Lebens bewältigt: Indem man allem entsagt, was hier auf Erden wichtig ist. Beide Religionen erklären, dass wir so lange reinkarnieren, bis wir alle Bindungen gelöst haben: Gier, Hass, Eifersucht, Wut, Groll, aber auch das Verlangen nach dem Schönen, Reinen und Wahren. Loslösung ist der Weg, und das Besondere an ihm ist, dass er ein großes Herz und unendliches Mitgefühl einschließt.

Anderen helfen: Lektionen des Lebens

Wir können die Quelle in einem ganz normalen Leben erreichen. Die Lektionen des Lebens sind die Sprossen auf der Leiter zur Quelle. Doch diese Lektionen sind oft schmerzhaft und lang – unnötig schmerzhaft und unnötig lang. Andere können uns auf dem Weg helfen. Denn wenn wir wahre Einsicht erlangen, ist das Fundament für die „Auflösung" der Lektionen gelegt. Wenn ein Mensch sich von seinen Erfahrungen lösen kann, hat er eine Lektion bewältigt. Darauf gehen wir in diesem Buch ausführlich ein. Jetzt wollen wir untersuchen, wie wir herausfinden, welche Lebenslektionen die Seele als Aufgabe mit auf die Erde genommen hat.

Die Lektionen des Lebens erkennen: Was kommt immer wieder zurück?

Die Lektionen des Lebens verfolgen uns so lange, bis wir sie gelernt haben.

Nehmen wir Karin als Beispiel, die sich vor der Liebe fürchtet. Wegen dieser Angst hat sie ihre Mutter ausgewählt. Ihre Mutter ist kalt. Ihr erster Mann war kalt. Ihr zweiter Mann ist kalt …

Yvonne kam in eine Familie, in der ihre Mutter misshandelt wurde. Mit achtzehn bekam sie ihr erstes Kind, die Folge einer Vergewaltigung. In den nächsten zwanzig Jahren ließ sie sich mit Männern ein, die zu viel Alkohol tranken und sie misshandelten und sexuell missbrauchten.

Die großen Lebenslektionen sind die schwierigen Themen, die eine Seele mit auf die Erde nimmt, die Themen, die wir selten in kurzer Zeit lernen können. Sie winden sich wie ein roter Faden durch unser Leben. Es ist sehr wichtig, dass wir uns mit diesen Themen identifizieren, weil wir uns dadurch unserer Aufgaben bewusst werden. Wir müssen also unser Thema herausfinden und es dann loslassen. Wenn wir die großen Themen nicht entdecken und nicht aktiv am Bewusstwerden und Loslassen arbeiten, ist es gewiss nicht undenkbar, dass wir diese Themen ins folgende Leben mitnehmen. Eine verpasste Chance!

Wer anderen sinnvoll helfen will, beschäftigt sich mit diesen Kernthemen und hilft den anderen, den roten Faden in ihrem Leben zu finden. Dies ist der erste Schritt. Der zweite besteht darin, die Bedeutung des roten Fadens herauszufinden. Der dritte Schritt ist das Loslassen. Der vierte ist der Aufbau eines Verhaltens, welches das „falsche" Verhalten ablöst. Diese vier Schritte machen wir natürlich nicht hintereinander, denn sie verstärken sich gegenseitig.

Viele Helfer befassen sich „von selbst" mit dem Kernthema – deshalb kommen die Menschen schließlich zu ihnen. Damit ist der erste Schritt getan. Es hängt allerdings ganz von der Hilfeleistung ab, ob sich daraus eine spirituelle Entwicklung ergibt. Wenn keine tiefe Einsicht und kein Verantwortungsbewusstsein vorhanden sind, wenn kein neues, gesundes, heilendes Verhalten aufgebaut und das falsche Verhalten aufgegeben wird, haben wir die Lektion nicht gelernt.

Bei all dem geht es nicht darum, ob der Hilfesuchende sich als spirituellen Menschen sieht. Es geht darum, dass er sich für die tiefere Wahrheit seiner Probleme öffnet, ein neues, heilendes Verhalten annimmt und sein altes Verhalten vollständig aufgibt. So kommt er auf dem Weg zur Quelle voran. Das Gleiche gilt für den Therapeuten. Wenn er in einer Umgebung arbeitet, die keine Rücksicht auf Spiritualität nimmt, bewegt er sich dennoch zur Quelle hin, sofern er die genannten Schritte macht. Auch wenn er sich des spirituellen Rahmens nicht bewusst ist, kann er spirituelles Wachstum bewirken, sofern er in die richtige Richtung und auf der richtigen Ebene arbeitet.

Anderen helfen: Karma verhindern

Wir kommen mit einem Rucksack voller Lektionen auf die Erde. Diese Lektionen werden Karma genannt. Wenn es gut geht, lernen wir die Lektionen, und wenn wir dann in die Astralwelt zurückkehren, enthält unser Rucksack keine Lektionen mehr, sondern Schätze. Aus Unvermögen ist Vermögen geworden. Wir sind reicher geworden und haben Eigenschaften entwickelt, die wir in einem folgenden Leben auf Erden nutzen können, um neue Lektionen zu bewältigen. Doch so einfach ist es fast nie. Es gibt beinahe immer Lektionen, die wir vernachlässigen. Wir bauen also Karma auf, weil wir manches im Leben versäumt haben und Wege gegangen sind, die uns der Quelle nicht näher gebracht haben. Das wollen wir anhand einiger Beispiele verdeutlichen.

Der moderne Mensch ist sehr nach außen gewandt. Wir vergessen oft, dass wir zuerst nach innen gehen müssen, um eine Lektion zu lernen. Dann müssen wir diese Lektion in einem anderen Leben erneut durcharbeiten. Für die meisten Menschen ist Spiritualität heute nicht so wichtig. Schon das Wort sagt ihnen wenig. Sie leben daher am äußeren Rand und gehen an den tieferen Werten des Lebens vorbei. Auf diese Weise verzerren sie die Wirklichkeit und müssen sie im nächsten Leben neu entdecken.

Auf der spirituellen Ebene ist Sexualität unlöslich mit wahrer Liebe verbunden. In unserer Zeit geschieht das eher zufällig. Was die Gesellschaft uns zeigt, sind durchweg Bilder einer entseelten, tierischen Sexualität, in denen wir uns leicht verlieren können, wenn wir nicht sehr standfest sind. Das bedeutet immer einen großen Rückschritt in der seelischen Entwicklung. Es kann viele Leben lang dauern, um dieses Karma aufzulösen. Das hängt auch damit zusammen, dass die Anziehungskraft der körperlichen Sexualität sehr stark ist. Wenn wir erst einmal in ihrem Netz gefangen sind, haften wir an der materiellen Ebene und vernachlässigen unsere geistige Entwicklung. Auf dieses Thema werden wir später noch genauer eingehen.

Wenn wir Menschen auf ihrem Weg zur Quelle helfen wollen, müssen wir sie auf alles hinweisen, was sie ablenkt. Dafür brauchen wir Unterscheidungsvermögen. Das spirituelle Herz weiß, was wahr ist und was unwahr ist. Spirituelle Hilfe bedeutet, Menschen zu „unterweisen". Wir müssen ihnen das wahre Ziel des Lebens und den Weg der Seele zu diesem Ziel erklären. Wir müssen ihnen zeigen, welche Folgen ihr Verhalten für die Reise der Seele hat. Unsere Patienten verstehen das meist sehr gut. Manchmal erkennen sie diese Wahrheit als ihre eigene, die sie bisher nicht in Worte fassen konnten. Sie sind dankbar dafür, dass sie die Wahrheit jetzt aussprechen können, denn dadurch bekommt ihr Leben Sinn, Inhalt und Richtung.

Der Patient muss also begreifen, dass dieses Leben kein „Spielplatz", sondern ein „Arbeitsplatz" ist. Die Arbeit ist der Weg zurück nach Hause. Alles, was wir tun oder nicht tun, ist der Weg nach Hause. *Absolut alles, was wir tun oder unterlassen, was wir fühlen und denken, ist ein Teil dieses Weges.* Je nach unserem Tun ist der Weg nach Hause kürzer oder länger, mehr oder weniger leidvoll. Wenn unsere Einsicht wächst, dass alles im Leben ein Teil des Weges ist, handeln wir im Alltag viel sorgfältiger. Wir gehen dann sparsamer mit dem besonderen Schatz um, den wir besitzen: mit dem Leben als Weg zur Quelle.

Wenn wir erkennen, dass alle Menschen auf demselben Weg sind, jeder auf seine Weise und mit seinen eigenen Problemen, empfinden wir Achtung und Mitgefühl für sie. Alle haben mit ihrem eigenen Rucksack zu kämpfen, um auf ihrem Weg weiter zu kommen, und oft können sie den Weg und das Ziel nur undeutlich sehen, wie ein Autofahrer im Nebel. Wir alle sind unterwegs zur einen Quelle. Unsere Schwächen manifestieren sich im Leben, weil wir sie überwinden müssen. Dabei kommen uns unsere Stärken zugute; aber die Schwächen treten immer wieder auf, bis wir die Letzte abgelegt haben. Wenn wir das verstehen, werden wir toleranter.

Auch die Natur ist ein Teil der großen Schöpfung, deren Ziel es ist, dem Menschen den Weg nach Hause zu zeigen. Alle Formen, Steine, Mineralien, Pflanzen und Tiere haben auf dem Weg nach Hause ein eigenes Bewusstsein. Wir sind ein Teil desselben Zieles: der Vereinigung mit der Quelle, aus der wir stammen. Hat nicht jedes Wesen – die Pflanze, das Tier und der Mensch – unseren tiefsten Respekt verdient?

Das tägliche Leben: Die Lektionen des Lebens als Weg nach Hause

Die Hindernisse, denen wir im täglichen Leben begegnen, sind Schritte auf dem Weg zur Quelle. Darum müssen wir etwas tun, um weiter zu kommen. Wie wir mit Hindernissen umgehen, ist unsere freie Entscheidung, die sicherlich von unserer Entwicklungsstufe beeinflusst wird. Wichtig dabei ist auch die Entwicklung des Willens. Wenn wir uns beispielsweise ärgern und wissen, dass wir unseren Ärger nicht an anderen abreagieren dürfen, liegt es am Willen, ob wir dieses hohe moralische Gebot befolgen oder nicht. Ohne Willenskraft kommen wir nicht voran.

Wir müssen begreifen, dass das Lebensziel *Bewusstheit* ist. Es geht nicht um das Auto, die Grundschuld oder den Beruf. *Es geht auch nicht um Denken, Handeln und Fühlen an sich.* Das ist nur der Rahmen, den wir geschaffen haben, um etwas zu lernen, um bewusst zu werden. Das ist vielen Menschen nicht klar. Sie denken, das Leben sei ein Ziel für sich, weil sie die geistige Ebene nicht wahrnehmen. Darum haften sie an der materiellen Ebene, und ihr Rucksack wird nicht leichter, sondern schwerer. Unsere Kinder sind ebenfalls auf der Erde, um ihre Lektionen zu lernen. Sie haben uns als Eltern ausgewählt. Wir sollten ihnen schon früh erklären, dass das Leben ihnen etwas sagen will, dass es ihre Aufgabe ist, Probleme zu lösen – selbstverständlich ihrem Alter und ihren Fähigkeiten entsprechend – und dass es falsch ist, vor dieser Aufgabe wegzulaufen. Wenn die Kinder das früh lernen, wird es für sie zu einer natürlichen Einstellung, zu ihrer Lebensweise. Das ist wahrer Reichtum für Kinder, das ist wahre Erziehung. So helfen wir den Kindern auf dem Weg zur Quelle.

5 Licht und Dunkelheit

Wie bereits erwähnt, ist die Dualität ein wesentliches Merkmal unserer Welt. Die zwei wichtigsten Pole sind Licht und Dunkelheit. Licht ist das, was sich der Liebe bewusst ist; Dunkelheit ist das, was keine Liebe kennt. Die Seele hat die Aufgabe, diese Dualität zu überwinden und ins absolute Gottesbewusstsein, in die Quelle einzugehen. In der Quelle gibt es keine Dualität, weder gut noch böse, sondern nur eine höhere, einheitliche Dimension, die wir hier auf Erden nicht kennen, weil wir im Dunkeln leben, sofern wir nicht erleuchtet sind. Der Weg zur Quelle führt durchs Licht, nie durch die Dunkelheit. Die Dunkelheit kann wie ein homöopathischer Impuls auf uns einwirken: Sie weist uns darauf hin, dass etwas falsch ist, und bringt so die heilende Kraft, das Licht in uns zum Vorschein. Das Licht heilt, aber die Dunkelheit will uns vom Licht und von der Quelle abbringen. Darum müssen wir uns für das Licht entscheiden.

Das fällt nicht jedem Menschen leicht. Die Dunkelheit hat nämlich eine enorme Anziehungskraft, so sonderbar das klingen mag. Untersuchen wir einmal, wo in unserer Umwelt Licht und Dunkelheit herrschen. Wie steht es mit unseren Gedanken? Wir sollten ab und zu innehalten und unsere Gedanken prüfen: Sind sie hell oder dunkel? Sie sind hell, wenn sie der Liebe entspringen und die Liebe auf der Welt vermehren. Sie sind dunkel, wenn sie keine Liebe kennen und das Dunkle auf der Welt vermehren. Diese gelegentliche Selbstprüfung ist eine gute Übung, wenn wir dabei ehrlich sind. Sie hat den Zweck, das Licht in uns zu wecken und unsere Willenskraft zu nutzen, um unsere Gedanken mit Licht zu erfüllen.

Wer gerne fernsieht, kann über seine Lieblingsprogramme nachdenken. Zielt das Handeln und Denken im Programm auf das Licht ab? Fördert es Freude, Liebe, Licht, Kraft, Wahrheit, Aufrichtigkeit, Reinheit, Ehrlichkeit und Schönheit? Stärkt es diese Kräfte in der Welt, oder schwächt es sie? Dient es also überwiegend dem Licht oder der Dunkelheit? Auffallend wenig Fernsehprogramme tragen zur Stärkung des Lichtes auf der Welt bei. Dennoch schauen die meisten Menschen sich Sendungen an, deren

Ziel nicht das Licht ist. Offenbar finden sie die Dunkelheit attraktiv, denn die meisten Menschen, junge und alte, verbringen einen großen Teil ihrer Freizeit vor dem Fernsehapparat und konsumieren schlechte Programme.

Und was ist mit den Zeitschriften und mit den Radiosendungen? Dienen sie dem Licht? Unserer Erfahrung nach ist der Beitrag der Medien zur Stärkung des Lichtes auf der Welt nicht sonderlich groß. Trotzdem hören zahllose Menschen Radio und lesen „ihre“ Zeitungen und Zeitschriften. Das zeigt ebenfalls, dass das Dunkle auf der Welt konkrete Formen annimmt und auf die Menschen eine starke Anziehungskraft ausübt. Vergessen wir auch nicht die Musik. Schalten Sie das Radio oder die Musikkanäle des Fernsehens ein, und Sie wissen Bescheid. Die wichtigste dunkle Kraft in der modernen Musik ist die entseelte Sexualität. Diese Musik wird auch auf Partys gespielt, und es ist kein Wunder, dass dabei auch Drogen konsumiert werden. Es gibt Musik, die aus der Dunkelheit stammt. Das ist der Fall, wenn sie von Hass, Angst, Lust, Wut und dem Bedürfnis, zu verletzen und zu erniedrigen, inspiriert wurde. Manchmal dringt die Dunkelheit auch von außen ein, denn Seelen, die in der niederen Astralwelt wohnen – in der Welt der Dunkelheit –, können auch Komponisten „inspirieren“.

Die hohe und die niedere Astralwelt

Die Welt, in der die Seelen wohnen, heißt Astralwelt. Dort gibt es keine Dualität, und darum sind Licht und Dunkelheit dort ebenso bedeutsam und real wie bei uns. Diese Dimension ist so wichtig, dass die Welt des Lichts und die Welt der Dunkelheit Namen haben: Sie heißen *hohe Astralwelt* und *niedere Astralwelt*. Das hört sich nach einer scharfen Trennung an: Licht *oder* Dunkelheit. Aber die Wirklichkeit hat Nuancen. Sie ist ein Kontinuum, an dessen Anfang sich die Seele der Liebe völlig bewusst ist und an dessen Ende sie nichts von der Liebe weiß. Die Welt des Lichts wird auch Himmel, die Welt der Dunkelheit auch Hölle genannt.

Die Verbindung zwischen der astralen Ebene und der Erde

Zwischen den Menschen auf der Erde und den Seelen auf der astralen Ebene besteht eine enge Verbindung. Wenn wir tief schlafen, löst sich die Seele bisweilen vom Körper und nimmt wieder Kontakt mit der Astralwelt auf, wo sie vor ihrer Inkarnation wohnte. Dieses „Austreten“ der Seele ist ein notwendiger Prozess. Die Seele bleibt mit dem Körper durch eine feinstoffliche „Silberkordel" verbunden. Während der Astralreise kann die Seele sowohl mit der hohen als auch mit der niederen astralen Ebene Kontakt aufnehmen. Auf der hohen Ebene wird sie mit Wissen, Licht und Liebe gespeist. Dort sammelt sie Kraft für ihr Leben auf der Erde. Auf der niederen astralen Ebene gelangt sie in eine Welt der Dunkelheit, in der Angst, Hass, Neid, Betrug, Gemeinheit, Schläue und Egoismus herrschen. Manchmal löst der Kontakt mit dieser Ebene Albträume aus, und wenn diese uns halb wachen machen, sollten wir ihnen sofort ein Ende bereiten. Partner können einander wecken, und auch Eltern sollten ihre Kinder aus Albträumen befreien. Verbinden Sie sich in einem solchen Fall bewusst mit dem Licht. Beten Sie, wenn Sie wollen, stimmen Sie sich auf die Liebe des Partners ein, oder fordern Sie das Kind auf, sich mit Ihrem Herzen zu verbinden. Mit anderen Worten: Stellen Sie das Licht wieder her. Denken Sie daran, dass die Dunkelheit nicht allein deshalb verschwindet, weil jemand aufwacht. Die dunklen Kräfte haben vielmehr eine Bresche ins Bewusstsein des Menschen geschlagen, durch die sie eindringen können. Reparieren Sie diese Bresche sofort, indem Sie sich auf die Liebe konzentrieren.

Die astrale Ebene beeinflusst uns aber auch am Tag. Die meisten Menschen sind sich dessen nicht bewusst. Dennoch handelt es sich um reale Kräfte, die tatsächlich auf uns einwirken. Das gilt sowohl für die hohe als auch für die niedere Astralwelt. Natürlich wollen Sie, dass Sie und Ihre Lieben von der hohen astralen Ebene getragen und ständig von der Kraft der Liebe geführt werden. Das ist möglich. Sie haben es selbst in der Hand. Es gibt nämlich ein kosmisches Gesetz, das diesen Vorgang regelt. Dieses Gesetz lautet: *Du ziehst an, was du aussendest.* Wenn wir uns auf das Licht einstimmen, laden wir es zu uns ein. Das ist eine wunderbare Gelegenheit, sich zu entwickeln! Wir müssen uns nur auf das Licht einstimmen, um Licht zu empfangen.

Wie können wir unsere Kinder dazu bringen, sich auf das Licht einzustimmen, damit sie dessen Energie anziehen? Dazu bedarf es eines eigenen Buches, und darum werden wir zu diesem Thema eines schreiben.[2] Hier können wir nur kurz darauf eingehen. Liebevolle Eltern sind die wichtigste Voraussetzung dafür, dass ein Kind im Licht lebt. Eltern müssen mit sich selbst und mit dem Partner in Liebe verbunden sein. Wir können einem

Kind alles über Licht und Liebe erzählen, aber wenn wir Licht und Liebe nicht vorleben, weiß das Kind nicht, wovon wir reden – es sei denn, es ist viel weiter entwickelt als seine Eltern. Außerdem müssen wir dem Kind zeigen, wie es zwischen Licht und Dunkelheit unterscheiden kann. Das ist eine sehr große Aufgabe für Erzieher. Wir müssen immer wieder mit dem Kind reden und es auffordern, sich nach innen zu wenden, an sein Herz. Was fühlst du dort? Was sagt dein Herz zu diesem Menschen oder zu dieser Situation? Die meisten Kinder lernen das nicht sofort, sondern Schritt für Schritt, jedes Kind auf seine Weise und in seinem eigenen Tempo. Es ist wichtig, dass wir die Eigenarten des Kindes genau kennen. Unserer Erfahrung nach sind Kinder dankbar, wenn sie mit sich selbst Verbindung aufnehmen dürfen. Das gibt ihnen Kraft, Mut und Selbstvertrauen.

Licht und Dunkelheit in der Therapie

Licht und Dunkelheit sind die wichtigsten Dimensionen des therapeutischen Prozesses. In diesem Abschnitt wollen wir auf einige Aspekte näher eingehen. Zuerst besprechen wir, wie der Therapeut in dieser Dimension steht und wie sein Fachgebiet ihn dabei beeinflussen kann. Wir werden vor allem auf das Risiko hinweisen, das der Therapeut eingeht, wenn er mit der Dunkelheit konfrontiert wird, die seine Patienten mitbringen.

Auch der Therapeut ist auf dem Weg zur Quelle. Das ist seine höchste Aufgabe. Wir können die Quelle nur durch das Licht und die Liebe erreichen. Der Therapeut befindet sich wie jeder andere Mensch im Spannungsfeld von Licht und Dunkelheit. Jedes Mal, wenn zwei Menschen sich begegnen, treffen auch das Licht und die Dunkelheit in ihnen aufeinander. Das Licht und die Dunkelheit des Therapeuten begegnen dem Licht und der Dunkelheit des Patienten. Was geschieht dabei? Im Idealfall weckt die Hilfeleistung die Lichtenergie im Therapeuten und macht ihn offen für seine spirituelle Quelle sowie für Liebe, Wahrheit und Reinheit. Dann fühlt er sich durch die Begegnung gestärkt. Die Lichtenergie des Patienten sollte durch die Begegnung mit dem Licht des Therapeuten ebenfalls zunehmen. Wie lässt sich das erreichen? Kann der Therapeut einen Teil seines Lichtes an den Patienten abgeben? Wahrscheinlich schütteln Sie jetzt den Kopf; aber genau das geschieht oft in der therapeutischen Beziehung. Der Patient glaubt dann, der Therapeut besitze etwas, was ihm fehlt und was er nicht erzeugen kann. Darum versucht er auf der feinstofflichen Ebene, einen Teil der Energie des Therapeuten zu absorbieren, und der Therapeut lässt das aus dem einen oder anderen Grund zu. Das hat zwei Folgen. Erstens vermischen sich die Energiefelder des Therapeuten und des Patienten. Der Patient wird ein bisschen zum Therapeuten, dieser ein bisschen zum Patienten. Ein Bild kann diesen Vorgang gut verdeutlichen. Stellen wir uns den Therapeuten als ein Glas reines Wasser und den Patienten als ein Glas rot gefärbtes Wasser vor. Wenn die Energie des Patienten sich mit der Energie des Therapeuten vermischt, gelangt gefärbtes Wasser in das reine Wasser, so dass dieses rosa wird. Zweitens kann zwischen dem Patienten und dem Therapeuten eine energetische Verbindung und somit ein Energieaustausch entstehen. Dann fließt Lebenskraft vom Therapeuten zum Patienten. Diese Verbindung kann auch nach der Sitzung bestehen bleiben. Der Therapeut ist dann die feinstoffliche „Tankstelle" des Patienten und verliert Energie. Manchmal strömt auch unreine Energie aus dem Patienten in den Therapeuten, entweder von Chakra zu Chakra oder von Organ zu Organ. So können bestimmte Körperteile unrein werden oder Energie verlieren. Das folgende Beispiel erläutert diesen Vorgang.

Elke ist depressiv. Sie ist 18 Jahre alt und schwanger. Wie es mit ihrem Leben weitergehen soll, weiß sie nicht. Sie will nicht abtreiben, aber ... wie steht es mit der Schule, dem Geld, der Unterkunft, ihren Eltern? Carla, ihre Therapeutin, ist eine junge Frau, die sich gut in Elkes Lage versetzen kann. Innerlich beschließt sie, Elke zu helfen. In diesem Augenblick entsteht eine feinstoffliche Verbindung zwischen den beiden, und Elke fließen Licht, Lebensenergie und Mut zu. Diese Energie nimmt sie im Wurzelchakra auf, einem Hauptchakra am Steißbein. Es versetzt uns in die Lage, das Leben zu bewältigen, stark zu sein und die richtigen praktischen Entscheidungen zu treffen. Dieses Chakra hat die Aufgabe, dem Leben auf Erden Form zu geben. Es steht der irdischen Materie am nächsten, und es hilft uns im Alltag; denn wir brauchen eine Wohnung, Arbeit, Essen und Trinken, genügend Geld und so weiter. Carla ist sich dessen nicht bewusst. Erst in den Wochen danach merkt sie, dass sie müde oder gar erschöpft ist. Ihre Arbeit fällt ihr nicht mehr so leicht wie früher. Eigentlich ist sie zu schlapp, um gut zu arbeiten. Elke lebt also von der Energie eines anderen Menschen und versäumt es, ihre eigene Energie zu mobilisieren. Das hilft ihr nicht weiter.

Das Beispiel zeigt, dass die Therapeutin ihre Patientin durch ihr Wurzelchakra unterstützt. Sie nimmt Elke Arbeit ab. Es fließt also Energie von der Therapeutin zur Patientin. Carla verliert dadurch Lichtenergie, ohne dass Elke damit geholfen wäre. Elke muss auf eigenen Beinen stehen! Sie muss Kontakt mit dem Teil ihres inneren Selbstes aufnehmen, der richtige Entscheidungen treffen kann.

Wenn der Therapeut während der Behandlung keine Energie verlieren will, muss er zum Patienten einen klaren, scharf umrissenen Abstand bewahren: Das bin ich, und das bist du. Das geschieht oft nicht. Der Grund ist eine besondere Psychodynamik, die sich bei jedem Menschen unterschiedlich äußert. Die folgenden Beispiele nennen einige häufige Ursachen.

Therapeut Peter will anerkannt werden. Darum passt er sich an und tut, was andere von ihm erwarten. Um zu erfahren, wie seine Mitmenschen ihn haben wollen, „scannt" er sie auf der feinstofflichen Ebene. Das macht er auch mit seinen Patienten. So erfährt er, was sie von ihm erwarten, und kann sich ihren Wünschen fügen. Dadurch verlässt er seinen Kern und verliert Energie.

Sarah fühlt sich leer und versucht, Energie von anderen aufzunehmen. Das tut sie auch als Therapeutin. Sie erweitert ihr Energiefeld bis in die Aura ihres Patienten, stimmt sich auf sein Feld ab und wird dadurch in gewissem Umfang zu ihm. Sie fühlt sich wie der andere.

Maria fühlt sich wohl, wenn sich ihr Energiefeld mit dem Feld anderer Menschen vermischt – dadurch baut sie „Gemeinsamkeit" auf. Aber sie wird auch für andere offen, und auf der feinstofflichen Ebene können andere ihr Energiesystem verschmutzen oder schwächen.

Für Therapeuten, die dazu neigen, sich mit dem Energiefeld ihrer Patienten zu verbinden, gibt es nur ein Heilmittel: *Abstand.* Damit meinen wir nicht Kälte. Wir können Abstand halten und dennoch mitfühlend sein. Außerdem bleiben wir rein und stark. Wenn wir uns mit anderen Energiefeldern vermischen, werden wir schnell unrein und verlieren Energie.

Für diesen Abstand müssen wir zuerst innerlich sorgen. Wir müssen anerkennen, dass jeder für seinen Weg selbst verantwortlich ist. Darauf gehen wir später noch genauer ein. Wir können nie den Weg des anderen gehen, und wenn wir anderen die Arbeit abnehmen, lernen sie ihre Lektion nicht. Die akute Krise ist vielleicht beseitigt; aber die Lektion wurde nicht gelernt und tritt daher in einer anderen Form wieder auf. Wir können unseren Lektionen nicht ausweichen, wir können sie höchstens aufschieben.

Danach müssen wir klarmachen, dass Energievermischung ungesund ist. Wir bleiben nicht, wer wir sind, wenn der Patient in unser Energiesystem eindringt. Das nützt niemandem. Deshalb müssen wir unsere Aura gut abschirmen. Wer eine „ausschweifende" Aura hat, sollte sie bewusst zusammenziehen, damit sie kompakter wird. Wenn Sie Ihre Schwachstellen kennen, sollten Sie darauf besonders achten und sie durch Gedankenkraft verschließen. Dabei können Symbole hilfreich sein, zum Beispiel eine dichte Hecke. Wir können die Aura auch schützen, indem wir sie uns als Ei vorstellen und sie dann in eine dicke Schicht aus goldener Energie

hüllen. In unserem Buch *Energetischer Schutz* erklären wir genau, wie man sein Energiesystem wirksam schützt.
Manchen Menschen hilft es, wenn sie auch in der sichtbaren Welt Abstand halten. Wie das in der Praxis geschieht, zeigen die nächsten Beispiele. Wenden Sie diese Ratschläge einfach auf Ihre eigene private und berufliche Situation an.

Wir stellen die Stühle in einem ausreichenden Abstand auf. Wenn die Therapie verlangt, dass wir zeitweise nah beim Patienten sitzen, sorgen wir hinterher wieder für mehrere Meter Abstand. Dadurch wird deutlich, dass die körperliche Nähe wegen der Behandlung notwendig war und darauf beschränkt bleibt. Andernfalls wird die Situation oft unklar: Welcher Raum gehört eigentlich mir?

Der Therapeut kann sich auch hinter einen Tisch setzen. Dadurch zieht er eine klare Grenze.

Wenn der Therapeut einen Kurs gibt oder einen Vortrag hält und die Teilnehmer im Kreis sitzen, kann er Abstand schaffen, indem er seinen Stuhl etwas von den Stühlen der Teilnehmer wegrückt. Seinen Raum kann er auf verschiedene Weise stärken: Indem er einen Dreiviertelkreis bildet, indem er sich hinter die anderen setzt, indem er sich an einen Tisch setzt, indem er zwischen sich und die Teilnehmer Gegenstände stellt, zum Beispiel eine Blumenvase.

Vielleicht wundern Sie sich über solche Ratschläge. Sie wollen Ihren Patienten oder dem Publikum gerne nahe sein! Sie möchten den Abstand so gering wie möglich halten. Das steht Ihnen natürlich frei. Aber denken Sie auch an das Risiko! Als Therapeut haben Sie es mit Energien zu tun, die „aus dem Gleichgewicht geraten" sind.[3] Das gilt sowohl für Therapeuten, die sich mehr mit körperlichen Störungen befassen, als auch für jene, deren Fachgebiet seelische Probleme sind. Wenn Sie für viele Menschen Kurse geben und Vorträge halten, wird auch mehr unreine Energie auf Sie projiziert. In fast jeder Gruppe befindet sich jemand, der versucht, den Therapeuten auf der energetischen Ebene zu attackieren. Darum ist Abstand geboten.

Wir kennen eine indische Familie, die viel von diesen feinstofflichen Vorgängen versteht. Diese Menschen sind sehr stark mit dem Licht verbunden und verfügen über viele Methoden, um die Lichtenergie in ihrem Inneren zu stärken und zu regenerieren. Dennoch, nein eben deshalb achten sie nachdrücklich auf physischen Abstand. Sie schütteln keine Hände (denn die Energie anderer kann leicht durch die Handfläche eindringen), und wenn sie es doch einmal tun, waschen sie sich die Hände gründlich, um die absorbierte Energie aus ihrem System zu entfernen. In ihrer Praxis steht ein sehr tiefer Schreibtisch (der für optimalen Abstand sorgt), und wenn ein Patient sie um einen Kugelschreiber bittet, deuten sie auf einen bereit stehenden Behälter. Ihr eigenes Schreibzeug geben sie nicht her, denn es ist unvermeidlich, dass die Energie des Patienten hineinfließt und danach in sie eindringt. Es sind prächtige Menschen, die mit ihrer Quelle verbunden, liebevoll, fürsorglich, aufmerksam, bescheiden und stets hilfsbereit sind. Ihr Vorbild zeigt, wie man anderen helfen kann, ohne die eigene Entwicklung zu stören. Und eben diese Menschen, die so sehr auf ihre Energie achten, legen größten Wert darauf, diese Energie rein zu halten. Daraus können wir als Therapeuten viel lernen.

Dunkle Kräfte

Dunkle Kräfte spielen im Leben von psychiatrischen Patienten oft und bei Süchtigen immer eine große Rolle. Der Kontakt mit der Dunkelheit kommt auf verschiedene Weise zustande. Wer solche Menschen behandelt, muss sich vorsehen. Leider wird darauf während der Ausbildung nicht hingewiesen. Auch für Therapeuten und Pflegende ist es wichtig, diese dunklen Kräfte zu kennen und abzuwehren; nur dann können sie gesund bleiben. Da niemand in den Institutionen das erforderliche Wissen besitzt, sind negative Folgen für die Arbeitnehmer unvermeidlich.

Dunkle Kräfte können psychiatrische Patienten und Süchtige auf unterschiedliche Weise beeinflussen. Bei vielen psychiatrischen Patienten ist der Energiekörper viel zu offen. Sie haben nie gelernt, das zu verhindern und nehmen daher viele äußere Einflüsse auf. Diese haben drei verschiedene Ursachen. Die erste Ursache sind die Mitmenschen. Wenn diese eine negative Einstellung haben, kann die Negativität sich als Energieform im System des Kranken einnisten. Der Patient kann darauf unterschiedlich reagieren, je nachdem, wie viel Kraft er hat, wie intensiv der Einfluss ist und wie lange die Einwirkung dauert. Psychiatrische Patienten sind oft ungewöhnlich ängstlich. Manche sind auch aggressiv, oder sie glauben, in der Dunkelheit zu leben. Wenn nun mehrere solche Menschen zusammen sind, kann sich eine negative Spirale entwickeln. Dann entstehen starke negative Energiefelder, die empfindsame Betreuer nicht immer abwehren können.

Die zweite Einflussquelle sind andere Menschen. Alles, was wir denken und fühlen, bildet ein Energiefeld. Gleiche Energiefelder verbinden sich miteinander. So entstehen starke Felder aus gleicher Energie: Felder aus Licht und Felder aus Dunkelheit in allen ihren Varianten. Ein emotionaler Mensch strahlt seine Emotionen auf der feinstofflichen Ebene nach außen. Dort vereinigt es sich mit gleichartigen Feldern und wird dadurch stärker. Dieses bekannte kosmische Gesetz wird meist so formuliert: „Was du aussendest, ziehst du verstärkt an", oder: „Wer Wind sät, wird Sturm ernten." Wenn ein psychiatrischer Patient wütend, ängstlich oder dunkel ist oder wenn er Wahnideen hat, schwingen diese starken Emotionen mit gleichartigen Feldern im Kosmos mit. Was dieser Mensch aussendet, kommt verstärkt zu ihm zurück. Wer in Panik gerät, zieht also noch mehr Panik an. Menschen, die aus dem Gleichgewicht geraten sind, haben weniger Widerstandskraft gegen die von außen eindringende Energie, die ihre eigenen Emotionen verstärkt.

Die dritte Ursache hat ein anderes Kaliber: Es ist die Astralwelt. Psychiatrische Patienten haben oft große oder sogar panische Angst. Das ist eine typische Emotion der niederen astralen Ebene, und da diese Kranken sich häufig öffnen, haben die Emotionen der niederen Astralebene leichtes Spiel. Sie dringen in den Patienten ein und erzeugen Wahnvorstellungen, Angst, Panik, Dunkelheit und ungehemmte Aggressionen. Diese Kräfte können sehr chaotisch, aber auch zielgerichtet sein. Ein Beispiel dafür sind „Stimmen". Sie sind manchmal die Folge einer Dissoziation, aber mitunter stammen sie aus der niederen Astralwelt. Das gilt mit Sicherheit für jene Stimmen, die einen Menschen zu bösem Tun überreden und ihn durch ihr Flüstern in den Wahnsinn treiben.

Bei Süchtigen spielen sich ähnliche Vorgänge ab. Man sagt ja, Alkohol verneble den Geist. Er enthemmt den Menschen und nimmt ihm sein Unterscheidungsvermögen. Die wichtigste Abgrenzung, die wir im Leben vornehmen müssen, ist die zwischen dem Licht und der Dunkelheit. Der Alkoholiker zeigt durch sein Verhalten, dass diese Fähigkeit bei ihm stark beeinträchtigt ist. Wer betrunken ist, kann Licht und Dunkelheit nicht mehr unterscheiden. Deshalb kann Dunkelheit in ihn eindringen. Die niederen astralen Kräfte haben daher mit Betrunkenen leichtes Spiel.

Das Gleiche gilt für Drogenkonsumenten. Drogenmissbrauch setzt den Süchtigen nach unserer Erfahrung *immer* den Einflüssen der niederen astralen Ebene aus. Betrachten Sie einmal einen Drogensüchtigen – Sie spüren kein Licht in ihm, denn er ist ganz in Dunkelheit gehüllt. Was Sie wahrnehmen, ist die niedere Astralebene. Deren Kräfte haben einen sehr großen Einfluss auf Drogenkonsumenten. Das ist einer der Hauptgründe dafür, dass es so schwer ist, eine Sucht zu überwinden. Man kann sich das so vorstellen: In jedem Menschen besteht ein Gleichgewicht zwischen Licht und Dunkelheit. Bei den einen finden wir viel Licht und wenig Dunkelheit, bei anderen ist es umgekehrt. Je mehr Licht die Dunkelheit verdrängt, desto stärker wird ihr Sog, und irgendwann ist sie so stark, dass man ihr kaum noch entkommen kann. Das ist bei Drogensüchtigen der Fall. Darum nützt eine Therapie oft nichts, und darum können Angehörige und Freunde den Drogensüchtigen nicht mehr erreichen. Die Dunkelheit ist viel stärker geworden als das Licht.

Die Arbeit mit psychiatrischen Patienten und Drogensüchtigen

Diesen Abschnitt schreiben wir aus dem Blickwinkel der Betreuer. Was bedeutet es, wenn man täglich in einem Umfeld arbeitet, in dem starke negative Kräfte wirksam sind, wie sie oben beschrieben wurden? Wie der Patient hat natürlich auch der Betreuer ein Energiesystem. Wie reagiert dieses System auf die Dunkelheit, die es umgibt, also auf die starken, negativen Emotionen, die von außen kommen? Das hängt von der Lichtenergie und der Stärke des Ichs ab. Der Betreuer braucht ein gesundes Ich und eine sehr starke Lichtenergie, damit die Dunkelheit ihm nicht schaden kann. Auf das Ich gehen wir weiter unten ausführlicher ein; hier mögen einige kurze Erläuterungen genügen. Jeder Mensch braucht Grenzen. Ein gesundes Ich sagt: Hier bin ich, das bin ich, dies sind meine Grenzen – bis hierher und nicht weiter. Ein gesundes Ich, das mit dem Licht verbunden ist, kann sich gut gegen dunkle Kräfte wehren. Aber nicht alle, die in der Psychiatrie arbeiten, besitzen ein so starkes Ich: Sie sind zu offen. Solche empfindlichen Menschen nehmen unfreiwillig fremde Energie auf. Wer zu offen ist und in einem starken negativen Energiefeld arbeitet, wird zwangsläufig geschädigt. Das ist nicht durchzuhalten. Darum muss ein Betreuer lernen, seine energetischen Grenzen zu überprüfen und sie, wenn nötig, zu verstärken. Das Prüfen, Schützen und Verstärken der Grenzen sollte zur täglichen Routine eines Betreuers gehören. Andernfalls wird er krank.

Der zweite Aspekt betrifft die Lichtenergie des Betreuers. Danach wird in der Psychiatrie leider nicht gefragt. Dennoch ist dies die wichtigste Waffe im Kampf gegen die Dunkelheit. Natürlich wird dem Pflegepersonal auch nicht beigebracht, wie man die Lichtenergie aufbauen und die Patienten mit einem Schutzschirm umgeben kann. Das wäre eine enorme Chance für die Psychiatrie. Würde man die Lichtenergie im Rahmen der psychiatrischen Behandlung gezielt einsetzen, wäre dies ein guter Anfang der spirituellen Hilfe.

So weit sind wir aber noch nicht. Wer in der Psychiatrie arbeitet, sollte sich unbedingt fragen, ob er die dunklen Kräfte, die ständig auf ihn einstürmen, wirksam abwehren kann. Wenn nicht, arbeitet er möglicherweise am falschen Platz. Aber man kann auch Hilfe suchen oder seine eigene Methode entwickeln, um die Ichkraft zu stärken. Jeder Mensch tut das auf seine Weise. Außerdem raten wir allen, die in der Psychiatrie arbeiten, auf einen optimalen Abstand zu achten. Das bedeutet nicht, dass sie nicht liebevoll, fürsorglich und mitfühlend sein dürfen; sie sollen den Patienten vielmehr von ihrem Energiesystem vollständig fern halten. So können sie ihm am besten helfen. Es ist auch ratsam, das eigene Energiesystem täglich zu reinigen. Dazu möchten wir einige Beispiele geben.

Vor der Arbeit

Nehmen Sie sich an einem ruhigen Ort ein wenig Zeit, und wenn es nur zehn Minuten sind.

Konzentrieren Sie sich, und gehen Sie nach innen. Entspannen Sie sich. Atmen Sie tief aus, auch im Bauch. Bleiben Sie entspannt. Nehmen Sie sich vor, an diesem Tag stark zu sein und Ihre Kraft keinen Augenblick zu verlieren.

Verbinden Sie sich nun mit der Lichtquelle, und zwar so, wie Sie es für richtig halten. Manche Menschen beten. Stellen Sie sich dann vor, dass das Licht durch den Scheitel in Ihren Körper strömt und zum Herzen fließt. Empfangen Sie das Licht in Ihrem Herzen. Entspannen Sie sich. Nehmen Sie sich Zeit, um Ihr Herz zu entspannen. Lassen Sie das Licht tief in sich hineinströmen und vom Herzen aus jede Zelle füllen. Stellen Sie sich nun vor, dass das Licht durch die Poren der Haut nach außen in die Aura strömt. Lassen Sie es mindestens bis zu einem Abstand von einem Meter fließen, und zwar überall, auch hinter dem Rücken, unter den Füßen und über dem Kopf. Entspannen Sie sich. Stellen Sie sich dann vor, dass Sie von Engeln umgeben sind. Bitten Sie die Engel, Sie an diesem Tag zu begleiten und Sie zu schützen. Kehren Sie dann ruhig aus der Meditation zurück.

Während der Arbeit

Seien Sie sich Ihres Lichtes ständig bewusst. Bewachen Sie dieses Licht. Das ist Ihre heilige Pflicht; sie ist heilig, weil das Licht der Weg zur Quelle ist. Erfüllen Sie diese Pflicht entspannt. Stützen Sie sich auf Ihre Lichtenergie. Vertrauen Sie darauf, dass das Licht Sie trägt; dadurch stärken Sie Ihre Lichtenergie. Gewöhnen Sie es sich an, mit dem Licht in Verbindung zu bleiben, wie mit einer zweiten Haut. Ihre Kleider legen Sie ja während der Arbeit auch nicht ab – warum dann das Licht? Beide schützen wirksam vor unerwünschten äußeren Einflüssen.

Wenn die Lichtenergie abnimmt, müssen Sie das ernst nehmen. Warum geschieht das, und was können Sie dagegen tun? Vielleicht können Sie mit einem Kollegen darüber sprechen, oder Sie werden selbst aktiv. Wenn das Licht schwächer wird, ist es immer wichtig, es zu stärken; denn je schwächer es wird, desto schwerer ist die Regeneration. Zögern Sie also nicht, sondern stärken Sie Ihre Lichtenergie sofort. Während der Arbeit können Sie beispielsweise so vorgehen:

Verbinden Sie sich tief mit Ihrem Herzen. Lassen Sie das Licht durch Ihren Körper strahlen. Richten Sie es dann wie einen Scheinwerfer auf die Dunkelheit, die sich angesammelt hat. Das hilft immer!

Nach der Arbeit

Es ist eine gute Gewohnheit, nach der Arbeit zu duschen. Stellen Sie sich vor, dass das Wasser alle unreinen Energien, die sich in Ihrer Aura angesammelt haben, wegspült und dann als goldener Strahl durch die Aura fließt. Genießen Sie dieses erfrischende Gefühl. Öffnen Sie Ihr Herz für die Liebe. Nehmen Sie die Liebe, die überall ist, in Ihr Herz auf.

Die Reinigung von Therapieräumen

Energie, die von Menschen ausgesandt wird, haftet nicht nur an Menschen, sondern auch an Dingen. Denken Sie an ein Zimmer, in dem es vor kurzem einen heftigen Streit gegeben hat – in diesem Zimmer fühlt man sich unbehaglich. Andererseits haben Sie vielleicht einmal einen Raum betreten, in dem eben jemand meditiert oder sich mit dem Licht verbunden hat. In einem solchen Raum fühlen Sie sich sehr wohl. Offenbar bleibt in einem Raum Energie zurück, selbst wenn die Quelle dieser Energie ihn verlassen hat. Sie können sich also vorstellen, dass ein Raum, in dem sich Menschen aufhalten, die stark aus dem Gleichgewicht geraten sind, ebenfalls schnell das Gleichgewicht verliert. Die Energie im Raum wird immer schlechter. Das gilt zum Beispiel für eine psychiatrische Tagesklinik, für ein Konsultationszimmer, aber auch für einen Aufenthaltsraum, in dem lebhaft diskutiert wird. Es ist besonders wichtig, solche Räume energetisch zu reinigen. Dafür gibt es verschiedene Methoden:

Öffnen Sie die Fenster weit, damit der Wind die unreine Energie mitnimmt. Wir alle wissen, wie erfrischt man sich danach fühlt.

Auch ein Zimmer können Sie mit reichlich frischem Wasser säubern. Das hilft ähnlich wie eine Dusche.

Der nordamerikanische Beifuß (Artemisia tridentata) *entfernt unsaubere Energie sehr wirksam. Um ein Zimmer zu reinigen, brauchen Sie nur einen kleinen Zweig anzuzünden und in den Raum zu legen. Hinterher sollten Sie gut lüften, da der Duft des Beifußes nicht jedem gefällt. Guter Weihrauch reinigt ebenfalls.*

Sie können auch ein paar Tropfen Crab Apple (Holzapfel) in eine Spraydose träufeln und im Zimmer versprühen. Crab Apple gehört zu den Bachblüten.

Auch durch Visualisieren können Sie einen Raum reinigen: Verbinden Sie sich mit dem Licht. Stellen Sie sich vor, dass das Licht durch den Scheitel in Ihren Körper und über den Energiekörper ins Zimmer strömt. Sie sind also eine Lichtquelle. Visualisieren Sie, wie das Licht im Raum immer stärker wird. Wenn Sie das jeden Tag tun, merken Sie bald, dass die Energie im Raum sich ändert und die anwesenden Menschen beeinflusst. Das ist sehr nützlich. Kämpfen Sie nicht selbst gegen die Dunkelheit; kümmern Sie sich nicht darum. Wenn Sie visualisieren, gibt es für Sie keine Dunkelheit, sondern nur Licht. So regenerieren Sie die Lichtenergie in Ihrem Inneren und im Zimmer.

Seien Sie wachsam

Was tun Sie, wenn Sie wissen, dass sich im Stadtviertel, durch das Sie gehen, viele Taschendiebe herumschleichen? Sie passen besonders gut auf Ihre persönlichen Dinge auf, vor allem auf die Geldbörse. Sind Sie nur kurze Zeit wachsam oder ständig? Und wenn die Straße sehr glatt ist, fahren Sie dann langsamer oder nicht? Bleiben Sie vorsichtig, oder fahren Sie bald wieder schneller? Wie gut achten Sie auf Ihre Gesundheit? Wie gehen Sie mit Ihrer Lichtenergie um? Wissen Sie überhaupt, dass Sie Lichtenergie haben und dass sie sehr wichtig ist – mindestens so wichtig wie Ihre Geldbörse und ebenso wichtig wie der materielle Körper? Darum sollten Sie wachsam sein, wenn gefährliche Energien vorhanden sind. Wenn Sie in Gegenwart von Taschendieben nicht auf Ihre Geldbörse aufpassen, sind Sie Ihr Geld sehr bald los. Das Gleiche geschieht mit Ihrer Lichtenergie, wenn Sie nicht *ständig* wachsam sind. Das setzt eine ganz andere Einstellung voraus, als die meisten Menschen in der Gesundheitspflege sie haben; aber wir sind davon überzeugt, dass die richtige Einstellung von großem Vorteil ist. Auch die Patienten profitieren davon, denn es ist für einen Patienten sehr gesund, wenn ein Therapeut zu ihm sagt: „Sie sind für Ihre Lichtenergie selbst verantwortlich." Dann muss der Patient die Verantwortung selbst übernehmen, und das ist der einzige Weg zur Heilung. Außerdem kann ein Therapeut, der seine Energie schützt, anderen viel besser helfen als ein Therapeut mit unreiner Energie oder ein ausgepumpter Therapeut.

Das Leben des Menschen hat ein klares Ziel: Wachstum hin zur Quelle. Dafür ist die Lichtenergie unerlässlich. Jedes Mal, wenn sie abnimmt, entfernen wir uns von der Quelle. Darum ist es so wichtig, mit der Lichtenergie sorgsam und wachsam umzugehen.

6 Der freie Wille

Der Mensch lebt in der Dualität. Das Einzigartige am Menschen ist seine Willensfreiheit. Wir entscheiden selbst, was wir tun wollen. Dagegen könnte man einwenden, wir seien gar nicht so frei in unseren Entscheidungen, weil unter anderem die Gesellschaft sie erheblich einschränkt. Wenn wir etwas Verbotenes tun, landen wir im Gefängnis. Und die Gefängnisse sind überfüllt, obwohl ständig neue gebaut werden. Offenbar entscheiden sich manche Menschen für das Gefängnis.

Der freie Wille ist für unsere Aufgabe auf Erden ganz unverzichtbar. Wir werden erst dann bewusst, wenn wir uns an den Polen der Dualität reiben. Das Leben bietet uns diese Pole immer wieder an, und wir dürfen uns jedes Mal frei entscheiden. Wie sähe eine Welt ohne freien Willen aus? Wären wir dann nicht programmierte Roboter, die nie bewusst werden?

Verantwortung: Der Gegenpol des freien Willens

Stellen Sie sich eine Welt vor, in der wir nach unserem freien Willen handeln können, ohne die Folgen tragen zu müssen. In einer solchen Welt würden die Menschen vollständig entarten. Sie würden sich zu verantwortungslosen, egoistischen Wesen entwickeln, die immer ihren eigenen Vorteil suchen. Das ist keine verlockende Welt. Außerdem würden wir nie bewusst werden und daher auch nie die Quelle erreichen. Wir haben zwar Willensfreiheit, aber wir werden auch stets mit den Folgen unserer Entscheidungen konfrontiert. Das entsprechende kosmische Gesetz haben wir bereits erwähnt: „Was du ausendest, kehrt verstärkt zurück." Alles, was wir denken, fühlen und tun, ist eine Energiewelle, die nie verloren geht. Sie kommt immer zu uns zurück, manchmal schnell, manchmal in einem anderen Leben. Wir können uns nicht vor unserer Verantwortung drücken. Wofür sind wir verantwortlich? Dafür, dass wir die Lektionen des Lebens lernen. Erst wenn wir sie gelernt haben, sind sie gelöst und kehren nicht mehr zu uns zurück. Solange wir sie nicht gelernt haben, kommen sie immer wieder, wenn es sein muss, mehrere Leben lang. Wer einen Mord begeht, kommt ins Gefängnis. Dadurch wird seine Tat auf der gesellschaftlichen Ebene gesühnt. Auf der kosmischen Ebene ist das anders. Dort bleiben wir verantwortlich, bis wir unsere Lektionen akzeptieren. Selbst wenn wir fünfzehn Jahre im Gefängnis sitzen, hat diese Zeit für die kosmische Energie keine Bedeutung, wenn wir nicht zu tiefer Einsicht, Reue und Umkehr gelangen: Wir haben die Lektion nicht gelernt, und darum meldet sie sich immer wieder. Wer sich den gesellschaftlichen Folgen seines Tuns entzieht, kann dem kosmischen Gesetz dennoch nicht entrinnen. Auf die eine oder andere Weise kehrt sein Verhalten immer zu ihm zurück.

Was uns im Leben begegnet, ist also die Folge unseres bisherigen Handelns. Es sind die Lektionen, die noch nicht bewältigt sind und in dieser Form zu uns kommen. Nichts geschieht zufällig. Manche Menschen werden Pechvögel genannt, andere Glückspilze. Das kommt uns ungerecht vor. Aber das stimmt nicht. Jeder bekommt genau das, was er verdient, nämlich das, was er selbst ausgesandt und noch nicht abgearbeitet hat. Es kann sein, dass wir die Lektionen eines Menschen nicht als solche erkennen – aber wenn es nicht seine Lektionen wären, hätte er sie nicht bekommen. Der Mensch kennt nur einen sehr kleinen Teil seiner Vergangenheit, und darum weiß er nicht, was sich in allen seinen Existenzen an Lektionen angesammelt hat. Eines ist sicher: Wenn uns eine Lektion präsentiert wird, dann ist sie gerechtfertigt.

Manche Lektionen stellen sich deshalb ein, weil wir etwas ausgesandt, uns aber noch nicht davon gelöst haben. Auch das ist eine kosmische Dynamik. Andere Lektionen werden uns aufgetragen, weil wir im Zwischenleben selbst dafür gesorgt haben. Solche Lektionen wurden bewusst und aktiv ausgewählt, geschaffen und zeitlich koordiniert. Ein gutes Beispiel dafür sind unsere Eltern. Viele Menschen ärgern sich über die Fehler ihrer Eltern – aber die Seele sucht sich ihre Eltern nicht ohne Grund aus. Mit ihren Fehlern erzeugen die Eltern ein Spannungsfeld, das uns auffordert, zu forschen, wach zu werden, Entscheidungen zu treffen, bewusst zu werden. Auch unsere Eltern müssen irgendwo auf ihrem Weg zum Licht die Verantwortung für ihre Fehler übernehmen. Doch nun sind wir ihre Kinder, weil wir beschlossen haben, uns bei ihnen zu inkarnieren. Für diese Lektion sind wir also ebenfalls allein verantwortlich.

Dennoch wollen manche Menschen nicht wahrhaben, dass alles, was ihnen begegnet, ihre eigene Schöpfung ist. Bisweilen spielt dabei das Thema „Schuld“ mit. Betrachten wir den Krebs als Beispiel. Das ist eine schreckliche Krankheit, ein schmerzhafter Weg zum Tod. Wer daran erkrankt ist, will nicht glauben, dass dieses Leiden etwas mit ihm zu tun hat. Also sagt er: „Es sind die Erbanlagen“ oder: „Die Umwelt ist schuld“. Wahrscheinlich stimmt das. Aber es gibt noch tiefere Ursachen. Warum werden manche Menschen unter gleichen Bedingungen krank und andere nicht? Warum haben wir beschlossen, in dieser Zeit der Umweltverschmutzung zu leben? Es ist oft nicht einfach zu sagen, wo die Ursache liegt, schon gar nicht bei einer schlimmen Krankheit. Dennoch ist auch Krebs die Folge dessen, was wir jetzt sind, und was wir jetzt sind ist die Folge aller unserer Leben, aller unserer guter Taten und all dessen, was wir vernachlässigt haben. Körper und Geist arbeiten eng zusammen. Was in der Seele noch unreif ist, äußert sich im Körper als Störung. Trotzdem dürfen wir nicht sagen: „Du bist selbst an deinem Krebs schuld.“ Denn das Wort „Schuld“ suggeriert, dass jemand *unmittelbar* verantwortlich ist und ein klarer zeitlicher Zusammenhang besteht: „Ich habe etwas getan, und darum bekomme ich jetzt Krebs." So einfach ist es nicht. Schuld lässt auch an Strafe denken. Der Krebs wäre dann die Strafe für das, was wir getan haben. Aber wer straft? Das müsste dann irgendein recht sonderbarer Gott sein. Diese Vorstellung akzeptieren wir heute zu Recht nicht mehr. Es gibt keine kosmische Instanz – sei es Gott oder sonst etwas –, die den Menschen nach seinem Tun beurteilt und ihn je nach seiner Leistung belohnt oder bestraft. Gottes Liebe ist bedingungslos. Er hat den Menschen einen freien Willen gegeben. Es gibt keine Schuld, sondern nur Verantwortung. Alles, was in uns noch unreif ist, gelangt im Laufe unserer Leben ans Tageslicht, damit wir es in seiner manifesten Form heilen können. Gott ist unendlich mitfühlend. Das sollten wir auch zu uns selbst sein, wenn wir Fehlern in Form von Krankheiten begegnen. Liebe statt Strafe, Verantwortung statt Schuld – das ist der Weg zu Wachstum und Einsicht.

Verantwortung und Hilfe

Wenn wir wirklich verstanden haben, was Verantwortung im kosmischen Sinne bedeutet, fällt eine Last von uns ab. Wir brauchen uns nicht mehr schuldig zu fühlen; denn darum geht es nicht. Schuldgefühle machen uns nicht bewusst, sondern klein und demütig. Sie bewirken, dass wir uns verstecken, oft auch vor uns selbst. Es ist viel besser, wenn wir uns mit neuen Augen betrachten und den Mut aufbringen, die Folgen unseres Handelns zu tragen. So lernen wir die Lektion. Auf Mitleid und Bedauern können wir ebenfalls verzichten. Was geschieht, ist nicht bedauerlich. Das alles sollten wir durch ein tiefes Gefühl der Liebe, verbunden mit Einsicht und Verständnis ersetzen: Dieser Mensch macht das durch, weil es sein Weg ist. Und weil er selbst Verantwortung trägt und daher seine eigenen Entscheidungen treffen darf, wie töricht und schmerzhaft sie auch sein mögen. Wir stehen in tiefer Liebe und mit großem Respekt neben diesem Menschen, und wir verstehen, dass wir niemals die Lektionen eines anderen übernehmen können.

Das Helfersyndrom

Viele Menschen entscheiden sich für Pflegeberufe, weil sie anderen helfen wollen. Wenn sie ein großes Herz haben, ist dies eine Wahl aus dem Überfluss heraus. Der Wunsch zu helfen ist nun einmal typisch für ein großes Herz. Das große Herz hilft auf besondere Weise. Es akzeptiert das Leiden des anderen voll und ganz, und es anerkennt auch die Eigenverantwortung des Menschen. Es weiß, dass jeder Mensch sich entwickeln muss, indem er Entscheidungen trifft und deren Folgen trägt. Darum klärt das weise Herz die Menschen auf; es unterrichtet sie, es erzieht sie, es zeigt ihnen den Weg, es dient. Mehr nicht. Es bleibt respektvoll, wenn der Patient genau das tut, was ihn in große Schwierigkeiten bringen wird. Das große Herz ist klug. Es gibt dem Patienten genügend Raum, um seinen eigenen Weg zu gehen und die Folgen seiner Entscheidungen tief zu erleben. Es weiß, dass dies der Weg ist, den Gott den Menschen gegeben hat. So fühlt der Patient sich geborgen und frei, und er kann das Leben auf seine Weise erforschen, auch das, wovor er sich bisher gefürchtet hat. So entwickelt er sich.

Doch nicht alle Menschen haben ein so großes Herz. Die meisten beginnen ihren Beruf mit einem kleinen Herzen. Darin befinden sich Emotionen, die von Erinnerungen gespeist werden, etwa an die eigene Kindheit. Dazu einige Beispiele:

Sandras Mutter hatte oft Bauch- oder Kopfschmerzen. Sandra konnte das nur schwer ertragen. Sie erschrak, wenn ihre Mutter leiden musste, und versuchte alles, um sie zum Lachen zu bringen.

Peters Vater war oft zornig. Peter hatte Angst vor ihm. Wenn er merkte, dass der Vater wütend wurde, tat Peter sein Bestes, um den Zorn des Vaters in Grenzen zu halten.

Sandra hielt das Leiden ihrer Mutter nicht aus. Darum bemühte sie sich, dieses Leiden zu lindern. Jetzt ist sie erwachsen und arbeitet als Therapeutin, und sie reagiert immer noch so. Zu ihr kommen Menschen mit Problemen, und sie versucht, diese Probleme zu lösen. Dabei geht sie so vor wie früher: Sie will die Aufgabe lösen, das heißt, sie übernimmt die Verantwortung für den Patienten.

Das Gleiche gilt für Peter. Er ist Krankenpfleger und versucht, anderen zu helfen, indem er ihre Arbeit erledigt. Seine Grundhaltung ist Angst. Diese Angst will er in Schach halten, und darum weicht er Konflikten aus. Er ist außerstande, die Verantwortung den Patienten zu überlassen.

Dieses Verhalten nennt man mitunter „Helfersyndrom“: Es liegt vor, wenn wir anderen helfen wollen, indem wir etwas für sie tun und ihnen Leiden ersparen. Die Wurzeln dieses Syndroms liegen immer in der Persönlichkeit des Helfers, und oft sind sie tief verankert. Dann ist ein schwieriger Prozess notwendig, um die Ursachen aufzudecken und zu beseitigen. Aber es ist wichtig, dass jeder Therapeut diesen Grundsatz begreift: Menschen sind selbst verantwortlich und entwickeln sich nur, wenn wir ihnen die Verantwortung überlassen.

Wie reagiert der Patient, wenn der Therapeut seine Aufgaben lösen will? Das hängt vom Charakter des Patienten ab. Wenn er seine Verantwortung gerne auf andere schiebt, nimmt er das „Angebot“ des Therapeuten freudig an. Manche Menschen halten es sogar für selbstverständlich, dass der Therapeut ihre Aufgaben löst; sie halten das für die Pflicht des Therapeuten. Sie haben ein Problem, und das muss der Therapeut lösen. Diese Menschen verhalten sich gegenüber dem Therapeuten wie ein Kind gegenüber den Eltern. Sie haben es nicht anders gelernt und nie anderes gemacht. Einige Patienten sind dabei recht naiv, andere sind raffiniert. Aber eine Therapie kann nur dann eine Therapie sein, wenn der Patient seine Verantwortung behält. Das lässt sich erreichen, wenn man ihm bewusst macht, dass gerade darin seine Kraft liegt: „Jetzt können Sie das Problem auf Ihre Weise lösen."

„Locus of control"

In der Psychologie wird der Begriff *locus of control* benutzt. *Locus* bedeutet im Lateinischen „Ort". Das Wort meint also den „Ort der Herrschaft". Einfach ausgedrückt: Wer ist der Chef in meinem Leben? Bin ich der Meinung, dass die Steuerzentrale sich in mir befindet oder außerhalb? Führe ich Regie über mein Leben, oder sind es andere Leute? Wir können nur wachsen, wenn der *locus of control* in uns selbst liegt. Andernfalls sind wir die Opfer der äußeren Welt.

Wenn der *locus of control* in der Außenwelt liegt, leugnen wir unsere Verantwortung. Jeder Mensch beschließt manchmal, keine Verantwortung zu übernehmen. Die Folge sind Probleme, die wir nicht lösen können – es liegt ja nicht an uns! Wenn die Probleme drückend werden, suchen wir professionelle Hilfe. Das ist eine paradoxe Situation: Der Patient kommt zum Therapeuten, um Probleme zu lösen, für die er seiner Meinung nach gar nicht verantwortlich ist. Der Therapeut will den Patienten dazu bringen, die Verantwortung für seine Schwierigkeiten zu übernehmen; doch der Patient läuft davor weg. Es gibt verschiedene Arten der Flucht, und alle sind ein wesentlicher Teil des therapeutischen Prozesses. Jeder Patient versucht wegzulaufen, auch der ehrlichste. Was die Bereitschaft anbelangt, aufrichtig zu sich selbst zu sein, gibt es große Unterschiede; aber jeder Mensch leistet „Widerstand", das heißt, er will nicht bedingungslos mit sich selbst Kontakt aufnehmen.

Widerstand

Die Weigerung, Verantwortung zu übernehmen, nennen die Therapeuten Widerstand. Wie geht man damit um? Zuerst müssen wir verstehen, dass Widerstand nicht nur negativ ist: denn die Fähigkeit des Menschen, sich selbst zu beurteilen, ist beschränkt und bei manchen Menschen größer als bei anderen. Ein Patient sagt vielleicht: „Ich habe die Grenze meines

Prozesses erreicht. Ich kann nicht weiter." Es ist sehr wichtig, dass der Therapeut diesen Punkt sieht; denn wenn er erreicht ist, sollte man die Therapie beenden. Der Patient ist ein wenig gewachsen und kann nicht tiefer dringen. Er braucht Zeit, um seine Erfahrungen in der Therapie zu verarbeiten. Bei der nächsten Therapie kommt er wieder ein Stück weiter, und die Grenze kann erneut hinausgeschoben werden. Widerstand in diesem Sinne nennen wir *schützenden Widerstand.* Er bewahrt den Patienten vor Prozessen, die er nicht verkraftet. Wenn der Therapeut das nicht merkt, zwingt er den Patienten, seine gesunde Grenze zu überschreiten. Das bedeutet immer einen Rückschritt – mehr ist dann weniger.

Aber nicht jeder Widerstand ist von dieser Art. Oft verhindert der Widerstand die Entwicklung der Persönlichkeit. Dann hat der Therapeut die Aufgabe, gemeinsam mit dem Patienten dessen Grenzen zu erforschen und sie zu transformieren. So entsteht Wachstum. Dies ist das Fachgebiet des Therapeuten. Wie soll er in solchen Fällen vorgehen? Wenn der Patient Widerstand leistet, sollte der Therapeut ihn darauf hinweisen. Er kann zum Beispiel sagen: „Ich merke, dass wir nicht mehr zum Kern durchdringen. Merken Sie es auch?" Wenn der Patient die Frage bejaht, kann der Therapeut den Faden wieder aufnehmen. Wichtig ist, dass er dabei verständlich und behutsam vorgeht. Er kann beispielsweise fragen: „Wo liegt der Kern des Problems? Worum geht es wirklich?"

Wer mit kinesiologischen Tests arbeitet, besitzt ein sehr wirksames Instrument, um Patienten bei der Selbstprüfung zu unterstützen. Manchmal glaubt der Patient nämlich, er sei zum Kern vorgedrungen. Das können wir anhand der Muskelspannung in den Armen leicht testen. Wir stellen die Frage: „Ist dies das Kernproblem?" Dann üben wir leichten Druck auf die gestreckten Arme aus. Wenn die Armmuskeln „nein" sagen, weiß der Patient aus sicherer Quelle, das er tiefer bohren muss. Er weiß dann auch, dass es sinnlos wäre, mit dem Therapeuten darüber zu streiten, ob das Nein richtig oder falsch ist. Sein höheres Bewusstsein hat die Frage beantwortet.

Eine gute Methode, um Widerstand zu überwinden, besteht darin, dass der Patient sich nach innen wendet: „Sie spüren tief im Inneren, ob das, was Sie sagen, wahr ist." Es ist sinnvoll, den Patienten auf Muster des Widerstands aufmerksam zu machen. Wird in der Therapie ein Widerstand aufgedeckt, kann man fragen: „Tun Sie das öfter im Leben? Erkennen Sie dieses Verhaltensmuster? Wie können Sie zu Hause anders damit umgehen, damit Sie weiterkommen?“

Manchmal schlüpft der Patient in die Opferrolle. *Petra erzählt von ihrer schweren Jugend. Sie ist wütend darüber – das ist etwas, was man ihr angetan hat. In gewisser Weise trifft das zu; aber wichtiger ist, dass Petra sich ihre Jugend selbst ausgesucht hat, um sich weiterzuentwickeln.* Gute Fragen wären hier: „Was hat Ihre Jugend Ihnen genützt? Was haben Sie daraus gelernt?“ Man kann das auch schärfer formulieren: „Offenbar wollten Sie diese Lektion lernen. Warum mussten Sie diesen schweren Weg gehen? Wäre es auch einfacher gegangen? Hätten Sie dasselbe auch anders lernen können?“ Das können für den Patienten befreiende Fragen sein, weil ihm plötzlich klar wird, dass die schwere Zeit notwendig war, um sich weiterzuentwickeln. Hätte er seine Lektion auf einfachere Weise lernen können, hätte er sich eine leichtere Umgebung ausgesucht.

Wer mit kinesiologischen Tests vertraut ist, kennt das folgende Problem. Wenn man einen Patienten testet, gelangt man bisweilen an einen Punkt, an dem er auf jede Frage mit „nein“ antwortet. Das ist Widerstand auf einer tieferen Ebene. Der Patient prüft sich selbst nicht mehr und kann daher auf keine Frage mehr antworten. Genau das Gleiche geschieht, wenn wir hellhören. Wir stimmen uns auf den Patienten ein, um Informationen zu bekommen, die für ihn in diesem Augenblick am hilfreichsten wären. Solange er mit sich selbst in Kontakt ist, fließen die Worte mühelos; aber sobald wir einen Punkt erreichen, an dem es dem Patienten schwer fällt, mit sich selbst Kontakt aufzunehmen, bricht der Strom der Worte ab. Was kann man dagegen tun? Vielleicht haben wir eine Grenze erreicht, die wir besser nicht überschreiten sollten; aber das ist längst nicht immer der Fall. Mitunter braucht der Patient nur eine Ermutigung. Dann erklären wir ihm kurz, was geschehen ist, und bitten ihn, mit einem höheren Teil seines Selbstes Verbindung aufzunehmen, der bereit ist, die benötigte Information zu empfangen. Oder wir bitten ihn, tief zu atmen, vor allem im Bauch, und sich beim Ausatmen zu entspannen. Man kann auch testen, welche Blütenarznei ihm über seine akute Angst hinweghilft. Der Patient nimmt dann einen Tropfen der Arznei ein und ist dann fast immer imstande, erneut Kontakt mit sich selbst aufzunehmen.

Blütenessenzen als Helfer

Blütenessenzen werden aus Blumen gemacht. Auch Blumen haben ein Bewusstsein, das sich in ihrer Form widerspiegelt. Die Form entsteht aus der feinstofflichen Essenz der Blume. Blütenessenzen enthalten ausschließlich die energetische Essenz der Blume. Sie bestehen aus Wasser oder, zur Konservierung, aus einer Alkohol-Wasser-Mischung, der die feinstoffliche Schwingung der Blume hinzugefügt wird. Wenn wir einige Tropfen einer Blütenessenz zu uns nehmen, nehmen wir mit der essenziellen Wahrheit der Blume Kontakt auf. Es ist wunderbar, wie viel Wissen und Weisheit Blumen in sich bergen. Blütenessenzen können den therapeutischen Prozess enorm unterstützen. Einige Essenzen, die für das Thema „Verantwortung für die eigene Entwicklung" bedeutsam sind, möchten wir nachfolgend beschreiben. Wenn Sie mit der praktischen Arbeit mit Blütenessenzen nicht vertraut sind, empfehlen wir Ihnen unser Buch *Energetischer Schutz*. Es enthält einen ausführlichen Abschnitt über den Umgang mit Essenzen.

Wenn Menschen für ihre Entwicklung nicht verantwortlich sein wollen, kann das verschiedene Ursachen haben. Darum ist es immer am besten, wenn man prüft – zum Beispiel kinesiologisch –, welche Blüten in einer bestimmten Situation am hilfreichsten sind. Einige Essenzen sind jedoch für unser Thema so wichtig, dass wir sie Ihnen gerne vorstellen möchten:

Willow (Gelbe Weide)

Dies ist eine Bachblütenarznei. Dr. Bach war ein englischer Arzt, der Anfang des vorigen Jahrhunderts als erster im Westen mit Blüten arbeitete. Die 39 Essenzen, die er entdeckte, sind heute noch weltberühmt. Die meisten Menschen verwenden daher das Wort Bachblüten, wenn Sie Blütenessenzen meinen.

Die Weidenessenz wird aus einer bestimmten Weidenart *(Salix vitellina)* hergestellt. Die Kraft dieser Blüten hilft zögerlichen Menschen, Verantwortung zu übernehmen, also die Opferrolle abzulegen.

Self-Heal (Braunheil oder Prunelle)

Dies ist eine Blütenessenz aus Kalifornien, die aus *Prunella vulgaris* gemacht wird. Diese Pflanze wächst auch in Westeuropa. Der englische Name sagt schon genug: Er erinnert daran, dass die Heilung von innen kommt.

Pink Yarrow (Rosa Schafgarbe)
Achillea millefolium ist eine unscheinbare Blume, die überall in Europa wächst. Sie enthält viel Energie. Wir empfehlen diese kalifornische Essenz nicht für den Patienten, sondern für den Therapeuten. Manche Therapeuten gehen mit dem Patienten eine besondere Verbindung ein: Sie verschmelzen emotional mit ihm. Der Therapeut wird ein bisschen zum Patienten, und dieser wird ein bisschen zum Therapeuten. Klare Grenzen gibt es nicht mehr. Der Therapeut nimmt die Emotionen des Patienten in seinem eigenen Körper wahr und weiß oft nicht, welche Emotion von ihm und welche vom Patienten stammt. Eine Ursache dieses Phänomens ist Mitleid. Der Therapeut leidet buchstäblich mit dem Patienten; er verliert dadurch seine Lebenskraft und absorbiert unreine Energie. Pink Yarrow zeigt dem Therapeuten, dass es eine andere Möglichkeit gibt, Kontakt mit Mitmenschen aufzunehmen: Mitgefühl. Diese Essenz hilft ihm, Mitleid in Mitgefühl zu transformieren. Über das Mitgefühl und seine Bedeutung für die Therapie sprechen wir in diesem Buch ausführlich.

7 Wahrheit

Für uns im Westen ist Wahrheit ein relativer Begriff: „Jeder schaut durch seine eigene Brille“. Deine Wahrheit ist nicht die meine. Das ist typisch westlich. Und es stimmt sogar. Es stimmt, weil das westliche Bild von der Wirklichkeit auf die Welt beschränkt ist, die unsere Sinne wahrnehmen. In dieser Welt ist die Wahrheit relativ. „Wahr“ ist, was die meisten Menschen für wahr halten. Aber es gibt noch eine andere Welt, in der die Wahrheit absolut ist. Im Westen ist das eine gefährliche Behauptung, aber weil sie wahr ist, wollen wir näher darauf eingehen.

Im Kosmos gibt es eine höhere Ebene des Wissens. Diese Wissensebene liegt über der relativen irdischen Wissensebene, die wir mit unserem Verstand erfassen. Auf der höheren Ebene herrscht absolutes Bewusstsein – Wahrheit. Die Ideen dieser Ebene sind wahr, also nicht relativ, sondern absolut. Die westliche Philosophie und Psychologie weiß nichts von dieser Ebene, weil unsere Tradition nicht auf dem Wissen basiert, das auf der höheren Ebene geschaut wird, sondern auf dem Wissen des Verstandes. Wir wollen alles mit dem Verstand entdecken und analysieren. Im Osten wenden die Menschen sich schon seit Jahrtausenden nach innen, um Wissen zu erwerben. Der Geist kann dann in die Welt der absoluten Erkenntnis und der Wahrheit eindringen. Für die westliche Wissenschaft ist diese Wahrheit uninteressant; sie rümpft die Nase, weil es sich nicht um eine empirische Wahrheit handelt. Aber die großen Denker wissen es besser; sie haben uns Wissen von dieser hohen Ebene mitgebracht.

Wenn wir uns spirituell weiter entwickeln wollen, können wir auf diese Wissensebene nicht verzichten. Wie könnten wir lernen, was wahr und von bleibendem Wert ist, wenn wir diese Ebene nicht erreichen? Wie sollen wir die Spreu vom Weizen trennen? Höheres Wissen ist reine Wahrheit. Wenn ein Mensch von dieser Ebene aus spricht, werden wir still und lauschen; denn was wir hören, ist nicht bestreitbar wie die westlichen (Un)wahrheiten, sondern einleuchtend. Die Kunst besteht also darin, das Wissen der höheren Ebene vom begrenzten Denken zu unterscheiden. Den Zugang zum höheren Wissen finden wir, wenn wir nach innen gehen und uns auf die höhere Ebene konzentrieren. Hans Stolp schreibt dazu:

„Aber manchmal kam ihre (der große C. G. Jung spricht hier von seiner Mutter) zweite Persönlichkeit zum Vorschein, und was sie dann sagte, war immer to the point, und so wahr, dass ich eine Gänsehaut auf dem Rücken bekam. Sie wusste nicht, was sie sagte, aber es war eine Stimme, die absolute Autorität hatte und genau das sagte, was angebracht war" (Stolp 2002, S. 23-24).

Dem fügt Stolp selbst hinzu:

So lernte er [Jung] schon als Kind, dass ab und zu der Geist durch seine Mutter sprach. Er lernte, wer seine Mutter eigentlich, im tiefsten Sinne ihres Wesens, war.

Der Mensch kann auf höheres Wissen nicht verzichten. Es zeigt ihm die Richtung, es gleicht einer Lampe, die in der Finsternis den Weg nach Hause erleuchtet. Ohne höheres Wissen kommen wir nicht nach Hause!

Darum ist es wichtig, dass wir das höhere Wissen in den Worten oder Schriften anderer erkennen. Noch wichtiger ist es, dass wir es merken, wenn unsere innere Stimme uns den Weg nach Hause zeigt. Jeder Mensch trägt höheres Wissen in sich; es ist ein unlöslicher Teil des höheren Bewusstseins der Seele. Die Kunst besteht darin, dieses Bewusstsein zu erkennen, wenn wir mit ihm Kontakt haben. Natürlich müssen wir das höhere Wissen erst einmal finden. Dazu müssen wir den Verstand umgehen und die Emotionen nutzen. Das klingt paradox, denn wir können höheres Wissen durchaus hören, als Bild sehen oder fühlen. Scheinbar können wir es also mit dem Verstand wiedergeben und in Worte fassen. *Aber das ist nicht das höhere Wissen.* Höheres Wissen befindet sich auf einer Ebene oberhalb des Verstandes, wenngleich es sich durch den Verstand manifestieren kann. Um es zu finden, müssen wir zum Herzen gehen. Dort ist die zeitlose Wahrheit zu finden, die grenzenlose, bedingungslose Liebe. Dort spüren wir sofort, dass es um eine ganz andere Liebe geht als um jene, die wir im Alltag erleben. Wir müssen die Liebe des emotionalen Herzens weit hinter uns lassen, wenn wir höheres Wissen erlangen wollen. Die ganze emotionale Ebene versperrt uns die Sicht auf das höhere Wissen. Auch sie müssen wir daher überwinden. Wir müssen in ein Land reisen, das viel reiner ist, als Gedanken und Emotionen es sind. Letztere sind relativ und haben nichts mit höherem Wissen zu tun. Wenn wir nach innen gehen, tief ins Herz, dorthin, wo die Weisheit wohnt, finden wir höheres Wissen. Dieses ist still und bescheiden; es drängt sich uns nicht auf. Doch wenn wir nach innen gehen, in den zeitlosen Raum in unserem Herzen, finden wir das höhere Wissen immer. Es ist stets bereit, unsere Fragen zu beantworten.

Die Antworten dieser Wissensebene sind rein und wahr. Daran erkennen wir diese Ebene. Die Antworten erscheinen in reinen Bildern und reiner Sprache. Es gibt kein Zögern, keine Unsicherheit. Wir wissen mit Sicherheit, dass wir die Wahrheit sagen. Dafür brauchen wir kein wissenschaftliches Studium und auch kein Literaturstudium. Das lenkt uns nur von der Antwort ab, die in unserem Herzen geduldig und zeitlos auf uns wartet, bis wir reif für sie sind.

Manche Menschen leben im höheren Wissen. Sie haben ein inneres Ruder, das ihnen fehlerlos sagt, was wahr ist. Andere nehmen mit dieser Ebene der Wahrheit nur gelegentlich Verbindung auf. Während sie in diesem Augenblick emotional sind und deshalb die Tiefe ihres Herzens nicht erreichen können, stehen sie ein andermal in tiefem Kontakt mit sich selbst und können die Ebene der Wahrheit sehen. Die Worte, die sie dann sprechen, sind anders – sie sind heiliger, sie haben einen anderen Klang und eine andere Tiefe. Kleine Kinder merken es unfehlbar, wenn jemand aus höherem Wissen heraus spricht oder handelt. Aber im Laufe ihrer Entwicklung verschließen sie sich dem höheren Wissen. Das liegt daran, dass sie hauptsächlich in der materiellen Welt leben, deren Werte sich von denen des höheren Wissens sehr unterscheiden. Die Werte schließen einander nicht aus, aber die Ziele sind in beiden Welten völlig verschieden. Für das höhere Wissen ist der Kontostand, die Karriere oder der soziale Status unerheblich. Wenn wir mit unserem höheren Wissen in Verbindung bleiben und auf dieser Grundlage leben wollen, dann müssen wir uns also in gewissem Umfang von den materiellen Werten unserer Zeit frei machen. Da die meisten Menschen diese Werte jedoch für selbstverständlich halten und sie als ihre Wahrheit verinnerlichen, ist das höhere Wissen für sie unbrauchbar. Darum wehren sie sich dagegen.

Für Eltern, Partner, Patienten, Therapeuten und andere Menschen ist es sehr wichtig, höheres Wissen zu erkennen. Das westliche Wissen reicht nur bis zum Denken und zu den Emotionen. Wer die Wahrheit sucht, muss wissen, dass es eine Quelle der Wahrheit gibt. Wenn Eltern das wissen, können sie ihre Kinder weise erziehen. Wenn Kinder das wissen, können sie den Eltern in dieser Wahrheit begegnen. Durch die Wahrheit kann eine tiefe Verbindung entstehen, und das ist sehr wertvoll. Wenn ein Therapeut höheres Wissen in seinem Patienten erkennt, ist es wichtig, dass er mit dem Patienten darüber spricht. Kennt der Patient nämlich den Ursprung seiner Wahrheit, entsteht eine Basis, auf der er leben kann, während er den Weg zur Quelle geht. Für den Therapeuten ist es sehr wichtig, dem höheren Wissen einen Platz im therapeutischen Prozess einzuräumen. Wenn er selbst Zugang zu höherem Wissen hat, kann er es in der Therapie einsetzen. Hat er keinen unmittelbaren Zugang zum höheren Wissen, kann er die vielen Quellen der Weisheit nutzen, die auf dieser höheren Ebene geschrieben worden sind. So kann er seiner Arbeit Form und Richtung geben.

In der Bhagavadgita lesen wir zum Beispiel:

Richte deinen Geist auf mich, sei mir zugewandt, bringe mir dein Opfer, verneige dich vor mir. Wenn du dich mit mir vereinigt hast und mich als höchstes Ziel erkennst, kommst du gewiss zu mir.

(Vers 34 in M. Patel et al., *Op reis met de Bhagavad Gita* [Auf der Reise mit der Bhagavadgita], 2001).

„Zu mir kommen" bedeutet, mit der Quelle eins werden. Das erreichen wir, indem wir den Geist auf die Quelle richten, uns der Quelle zuwenden, unser Tun der Quelle weihen, indem wir selbstlos sind, unser kleines Ich beiseite schieben und uns von der Quelle führen lassen.

8 Unterscheidungsvermögen

Der Begriff „Unterscheidungsvermögen“ ist, wie bereits erwähnt, eng mit dem Begriff „Wahrheit“ verbunden. Die Fähigkeit, korrekt zu unterscheiden, ist für die spirituelle Entwicklung sehr wichtig. Darum wollen wir darauf genauer eingehen, selbst wenn es zu Überschneidungen mit dem vorigen Kapitel kommt.

Unterscheidungsvermögen … das ist ein tiefgründiges Wort. Ein Wort mit zahlreichen Bedeutungen. Es ist auch ein heiliges Wort, denn ohne diese Fähigkeit können wir die Quelle nicht erreichen. Wir können dieses Wort trinken und nie mehr vergessen. In diesem Buch gehört es zu den am häufigsten benutzten Worten. Wir werden versuchen, den Grund dafür zu erklären.

Sie stehen an einer Kreuzung und müssen sich entscheiden: Rechts oder links? Im Leben stehen Sie immer wieder an Kreuzwegen, und während der spirituellen Entwicklung stellt sich häufig die Frage: Bringt mich das der Quelle näher oder nicht? Das Unterscheidungsvermögen gibt die Antwort. Ohne diese Gabe sind wir Toren und Vagabunden.

Um unterscheiden zu können, brauchen wir Wissen. Wahres Wissen. Das finden wir im Herzen – aber nicht im emotionalen Herzen, das verliebt, eifersüchtig oder abweisend sein kann. Dieser Teil des Herzens ist unzuverlässig, wenn wir nach echtem Wissen streben. Wir müssen in eine tiefere Schicht des Herzens vordringen. Dort wohnt Gott. Dort finden wir reine, bedingungslose Liebe, die gibt, um zu geben. Bedingungslose Liebe besitzt großes Unterscheidungsvermögen. Der Grund dafür ist einfach: Der Weg zur Quelle, zum göttlichen Kern, verläuft über die Liebe, nie durch die Dunkelheit. Liebe kann den reinen Weg zur Quelle zeigen; die Dunkelheit kann das nicht.

Wer tief in sein Herz geht und dort die reine Liebe findet, weiß sofort, was ihn der Quelle näher bringt. Leider ist in unserer Zeit nicht jeder Mensch so gesegnet. Es gibt viele irreführende Kräfte, weil unsere Kultur sich in der Materie verirrt hat und den Wert der wahren Spiritualität nicht mehr kennt.

Darum müssen wir die Menschen informieren. Das ist eine der wichtigsten Aufgaben eines Therapeuten, der spirituell arbeiten will. Patienten sind oft gutwillig, aber ihnen fehlt das notwendige Wissen. Sie haben keinen oder nur einen ungenügenden Zugang zum höheren Wissen und zum großen Herzen, dem Tor zum Unterscheidungsvermögen. Sie kennen auch nicht die Schriften, die von der Quelle inspiriert wurden. Darum gelingt ihnen nicht immer, was sie erreichen wollen. Wissen ist für den spirituellen Pfad eben unentbehrlich.

Eine gute Methode, um dem Patienten höhere Werte und Unterscheidungsvermögen zu vermitteln, besteht darin, ihn zur Lektüre von Büchern anzuspornen, deren Verfasser Unterscheidungsvermögen besitzen. Die asiatischen Traditionen sind dies betreffend reich an Schätzen. In der westlichen Tradition gibt es Schriften von Mystikern, über das ursprüngliche Christentum und über die Gnosis – die tiefe Erkenntnis, dass wir im Kern Gott sind. Patienten sind oft dankbar, wenn man ihnen tiefgründige und verlässliche Literatur zugänglich macht.

Aber auch bei einer Konsultation hat der Therapeut die Aufgabe, das Unterscheidungsvermögen seines Patienten zu wecken. Das gilt für alle Lebensbereiche. Was führt uns zum Licht, und was führt uns in die Dunkelheit? Das ist die entscheidende Frage: „Was du aussendest, bekommst du verstärkt zurück", besagt ein kosmisches Gesetz. Es ist sehr wichtig, dass wir lernen, welche Nahrung uns (oder unsere Kinder oder Partner) zur Quelle führt oder uns von ihr ablenkt.

Das folgende Beispiel aus unserer Praxis zeigt, wie wichtig das Unterscheidungsvermögen für die therapeutische Arbeit ist.

Ein junger Mann kommt mit seinem Vater zur Beratung. Er ist chronisch psychotisch. Sie kommen auf das Thema Sexualität zu sprechen. Der Vater sagt: „Mir ist klar, dass ein junger Mann Bedürfnisse hat. Er findet aber keine Frau. Darum geht er ab und zu ins Bordell, und ich bezahle. Ist das gut oder schlecht?"

Dieser junge Mann braucht Unterscheidungsvermögen. Wir fragen ihn, wie er sich nach einem Besuch bei Prostituierten fühle. Geht es ihm dann besser? Und wie steht es mit seinem Selbstwertgefühl? Im Gespräch wird deutlich, dass der Gang ins Bordell ihm überhaupt nicht gut tut. Er ist im Grunde eine Illusion: Er will zwar glauben, dass er sich besser fühlt, aber das stimmt nicht. Nun ist das Fundament für ein gutes Unterscheidungsvermögen gelegt.

Unterscheidungsvermögen: Ebenen der Wahrheit

Es ist einfach zu entscheiden, ob A wahrer ist als B. Wir können dies als Gesetz formulieren:

Das Maß der inhärenten Liebe bestimmt die Ebene der Wahrheit.

Das lässt sich auch anders ausdrücken: In dem Maße, wie unsere Ideen, Gedanken, Gefühle und Handlungen der Liebe entspringen, sind sie ein Ausdruck der Wahrheit. Die folgenden Beispiele übertragen dieses abstrakte Gesetz ins tägliche Leben. Jedes Beispiel betrifft einen anderen Lebensbereich, aber es geht immer um dasselbe universelle Gesetz.

Peter ist wütend auf Sandra. Er hasst sie. Aber Sandra mag sich. Wer hat Recht, Peter oder Sandra? Peter reagiert auf der emotionalen Ebene. Dort ist sein Hass wahr. Sandra beurteilt sich auf einer höheren Ebene: auf der Ebene der Liebe. Die Wahrheit des Lichts ist immer höher als die der Dunkelheit, denn das Licht bringt uns zur Quelle, während die Dunkelheit uns von ihr ablenkt. Die Dunkelheit kann nur als Unkenntnis des Lichts existieren. Wenn wir nicht Liebe *sind*, liegt es daran, dass wir nicht mit der Quelle in Verbindung stehen. Andere Gründe gibt es nicht.

Miriam hat drei Kinder, für die sie zusammen mit ihrem Mann sorgt. Das findet sie sehr anstrengend. Ständig hat sie das Gefühl, dass sie etwas versäumt, wenn sie Zeit und Aufmerksamkeit für ihre Kinder opfert. Die Zeit braucht sie eigentlich für sich selbst. Mutterschaft ist für sie eine Last.

Patrizia hat fünf Kinder, für die sie gemeinsam mit ihrem Mann sorgt. Es macht ihr Freude, wenn ihre Kinder glücklich sind. Sie bemüht sich ständig, ihre Kinder glücklich und froh zu machen. Mutterschaft ist für sie ein großer Segen.

Miriam versorgt ihre Kinder auf einer egoistischen Ebene. Patrizia tut es mit tiefer Liebe. Während die eine glaubt, ihr werde etwas genommen, fühlt die andere sich bereichert. Patrizia beweist, dass Menschen, deren Herz offen ist, Liebe ausstrahlen. Geben ist für sie erfüllend. Sie ist mit der Quelle enger als Miriam verbunden, denn sie gibt selbstlos und bedingungslos. Patrizias Wahrheit – Mutterschaft ist ein großer Segen – zeigt, dass ihr Kontakt mit der Quelle enger ist als bei Miriam. Ihr Wissen und ihre Einsichten zeugen von einer tiefen Wahrheit, die Miriam nicht zugänglich ist.

Mario ist ein Landwirt, der Kunstdünger und Pestizide verwendet. Thomas betreibt eine biologische Landwirtschaft. Welche Überzeugung ist wahrer, von der spirituellen Ebene der Liebe aus gesehen? Die chemische Landwirtschaft ist ein Angriff auf die Erde und auf die Tiere und Menschen, die konventionelle Produkte zu sich nehmen (sie enthalten Gifte, weniger Nährstoffe und kein Prana). Biobauern streben danach, die Erde gesund zu erhalten. Ihre Produkte sind nachweislich weniger vergiftet und enthalten erheblich mehr Vitamine, Mineralien und Prana. Die biologische Landwirtschaft erzeugt also nicht nur bessere Lebensmittel, sondern geht auch sorgsam mit der Erde um, auch langfristig betrachtet. Um zu verstehen, was das alles mit Liebe zu tun hat, müssen wir wissen, dass die Liebe immer dem Wohl des Ganzen dient und niemals einem Teil schadet. Anders ausgedrückt: Wenn wir einer größeren Einheit dienen, entspringt unser Handeln einem höheren Bewusstsein – der Liebe. Daraus folgt, dass die biologische Landwirtschaft eine höhere Wahrheit in sich birgt als die chemische.

Auf diese Weise können wir gegensätzliche Interessen vergleichen. Wessen Handeln zeugt von tieferer Liebe und von höherer Wahrheit? Dieses Wissen kann uns im Leben leiten. Auch unsere Entscheidungen können wir in diesem Licht überprüfen: Welche Entscheidung basiert auf tieferer Liebe? So helfen wir uns selbst auf dem Weg zur Quelle.

Wäre es nicht schön, wenn wir das als Kind gelernt hätten? Dann hätten wir erfahren, was unsere Wahrheit ist, und man hätte uns geholfen, für diese Wahrheit einzutreten. Dadurch hätten wir Selbstvertrauen und Respekt vor unserem Handeln entwickelt. Unsere Eltern hätten uns erklären sollen, dass es unsere höchste Pflicht ist, für unsere Wahrheit einzutreten. Vielen von uns gelingt das nicht oder nur unzureichend. Diesen Kreislauf sollten wir durchbrechen, indem wir das Wissen an unsere Kinder weitergeben. Machen wir ihnen begreiflich, dass in ihnen eine Wahrheit ist, die es Wert ist, ans Tageslicht zu kommen. Sie brauchen nicht unsere Wahrheit zu leben, sondern müssen ihre eigene Wahrheit entdecken. Dann sind sie sich selbst wirklich treu und erschließen ihre innere Kraft. Wenn wir unsere Kinder so erziehen, finden wir zudem unsere eigene Wahrheit und leben danach. So überwinden wir unser Karma.

9 Geist und Materie: die polaren Kräfte

Am Anfang dieses Buches haben wir erwähnt, dass es eine materielle Ebene und eine sinnlich nicht wahrnehmbare Ebene gibt. Die materielle Ebene kennen wir am besten: Es ist die äußere Welt, auf der wir unseren Körper pflegen, Reichtum erwerben und nach Sex verlangen. In unserer Zeit wird diese menschliche Ebene sehr geschätzt. *Außenwelt* ist unser Begriff für die stoffliche Welt, und *Kern* ist das Wort für die göttliche Quelle, aus der wir kommen und zu der wir gehen. Was geschieht nun in unserer Zeit, die so großen Wert auf das Materielle legt? Werden wir nicht ständig tiefer in die Außenwelt hineingezogen? Der Abstand zwischen unserem Kern und unserem täglichen Leben wird immer größer.

Die materielle Welt gleicht einem Magneten. Sie zieht uns an und bringt uns vom Weg zur Quelle ab. Je mehr wir uns mit der materiellen Welt identifizieren, desto schwächer wird unsere Verbindung mit der Quelle. Manchmal wird sie so schwach, dass wir nichts mehr von der Existenz der Quelle wissen: Dies ist die größte aller Illusionen.

Die materielle Welt zieht uns immer nach außen, weg vom spirituellen Leben. Zum Glück erinnert uns eine andere Kraft an die Quelle. Diese Kraft ist die Quelle selbst. Sie sendet ständig Signale an die Menschen aus, die in der materiellen Welt leben. Ein solches Signal äußert sich als Gewissheit, dass es noch eine andere Ebene gibt. Selbst wenn wir im Luxus leben, wissen wir: Dies ist nicht alles; es muss noch etwas anderes geben; ich spüre, ich weiß, dass mir etwas entgeht. Selbst wenn wir in einem Palast leben, werden wir dieses Gefühl der Unerfülltheit nicht los, solange wir nicht zur Quelle zurückkehren.

Der Mensch befindet sich im täglichen Leben also zwischen zwei Kraftfeldern: Die materielle Welt zieht ihn nach außen, und die Quelle zieht ihn nach innen. Welche Kraft ist stärker? Jeder Menschen lebt in seinem eigenen Gleichgewichtszustand, der sich im Laufe seiner Entwicklung jedoch ändern kann. Es ist eine natürliche Entwicklung, dass wir uns im Laufe der Jahre mehr nach innen wenden und dem Spirituellen mehr Platz einräumen.

Wenn wir die Welt als Ganzes betrachten, sehen wir auffallende Unterschiede in der Einstellung zur Welt. In Asien hat die Beschäftigung mit der inneren Welt eine sehr alte Tradition. Es ist schwer zu sagen, wie alt diese Tradition ist, weil im Laufe der Zeit viele Spuren für immer verwischt wurden. Die ältesten heute bekannten Spuren gehen auf das Jahr 8000 v. Chr. zurück. Der Westen interessiert sich viel mehr für die äußere Welt und hat die Tiefe des Ostens nie erreicht. Jeder Teil der Welt hat seine eigene Aufgabe in der Entwicklung der Menschheit. Natürlich können wir unterschiedliche Erfahrungen sammeln, indem wir uns in verschiedenen Teilen der Welt inkarnieren.

Im Westen ist die materielle Gesinnung seit einigen Jahrhunderten sehr ausgeprägt, vor allem in der Wissenschaft, die ein immenses Wissen angehäuft hat. Dennoch sollten wir Respekt vor der östlichen Wissenschaft haben, die nicht nur Hunderte, sondern Tausende von Jahren alt ist. Nur wenige Westler haben eine Vorstellung vom Reichtum des östlichen Wissens.

Der Hang zur äußeren Welt ist im Westen ungewöhnlich stark. Es fehlt das Wissen, dass wir nach innen gehen können. Viele Menschen haben kein Interesse am Weg nach innen und wissen nicht, was er für sie bedeutet. Ihr Leben spielt sich ausschließlich in der äußern Welt ab. Weil sie ohne Kontakt mit der inneren Welt aber keine Erfüllung finden, suchen sie ständig weiter in der falschen Richtung. Darum testen sie ständig die Grenzen des Erlaubten oder überschreiten sie. Die Herzensbildung, die gesunde Hemmschwelle, ist ihnen abhanden gekommen.

Es ist daher kein Wunder, dass sie nicht nach innen gewandt sind. Das ist aber die Voraussetzung für eine spirituelle Entwicklung. Manche denken dabei an ein Leben als Einsiedler. Das ist jedoch nicht notwendig. Es kann zwar sehr hilfreich sein, als Eremit in einer Klause zu leben, aber es ist nicht der einzige Weg. Wir können mitten in der Gesellschaft leben und dennoch sehr spirituell sein. In diesem Fall leben wir in der äußeren Welt, ohne dass wir uns in ihr verlieren. Die innere Welt gibt der äußeren Richtung und Führung. Wäre es anders, würde uns die magnetische Außenwelt von unserer Mitte wegziehen.

Wenn wir der Spiritualität im täglichen Leben Raum geben wollen, müssen wir uns eindeutig entscheiden. Die Anziehungskraft der äußeren Welt ist nämlich groß. Nur wenige Menschen hören ihre innere Stimme von der Geburt bis zum Tod. Die Stimme, die nach Spiritualität ruft, braucht unsere Hilfe. Sie will, dass wir sie hören, ihr einen Platz im Leben einräumen. Die Entscheidung ist eine Voraussetzung für unsere spirituelle Entwicklung. Natürlich genügt es nicht, dass wir uns ein einziges Mal im Leben für die Spiritualität entscheiden; dazu ist die Anziehungskraft der äußeren Welt zu stark. Wir müssen unsere Entscheidung immer wieder bekräftigen und für unsere Spiritualität eintreten. Das bedeutet auch, jeden Tag aufs Neue einen Weg zu finden, um die Spiritualität zu erforschen und zu erleben.

Wir stehen zwischen den Kraftfeldern der Gesellschaft, die nach außen gewandt ist, und der inneren Stimme, die uns aufruft, nach innen zu gehen. Wenn wir nichts tun, fallen wir unweigerlich in den Abgrund des materiellen Bewusstseins, das in unserer Zeit dominiert. Hören wir dagegen Tag für Tag auf die innere Stimme, scheint die Quelle im täglichen Leben immer heller und die Entscheidung für den Gang nach innen wird immer selbstverständlicher.

Wenn wir anderen spirituell helfen wollen, müssen wir sie auf die Signale aus ihrem Inneren aufmerksam machen und ihnen zeigen, wie man die innere Stimme erkennt. Viele Menschen machen die materielle Welt dafür verantwortlich, dass sie unzufrieden sind, und suchen dort nach einer Lösung. Aber dort liegt die Ursache im wohlhabenden Westen nur selten. Wenn wir die Ursache am falschen Ort suchen, finden wir die Lösung nie.

Wir können uns das Leben als Berg vorstellen. Oben auf dem Gipfel können wir die Vergangenheit und die Zukunft überblicken. Solange wir den Gipfel noch nicht erreicht haben, sehen wir nur die eine Hälfte des Berges – wir befinden uns noch in der Dualität. Wir können das Ganze noch nicht als Ganzes erkennen, sondern nur dualistisch. Der spirituelle Mensch strebt danach, den Berg zu besteigen. Nicht alle Menschen entscheiden sich dafür. Viele wollen lieber im Tal bleiben. Die materielle Welt ist ihr Ziel und ihre Lebenssphäre. Das Spirituelle lockt sie nicht. Wer den Berg besteigt, kommt Schritt für Schritt höher hinauf, und je höher er ist, desto mehr sieht er vom Tal. Er versteht die Menschen im Tal, ihr Handeln und dessen Motive. Ganz anders sieht es im Tal aus. Dort haben wir keinen guten Überblick. Wir können Menschen, die auf den Berg steigen, nicht verstehen und wundern uns über sie. Das hat Folgen für die Bergsteiger:

Je höher sie steigen, desto geringer wird die Zahl der Menschen, die ihnen Verständnis entgegenbringen. Sie müssen von Menschen Abschied nehmen, die ihnen teuer sind, weil die ursprüngliche Grundlage der Beziehung immer dünner wird und sich schließlich ganz auflöst. Wer den Berg besteigt, hat wenig Interesse am Tal, und die Menschen im Tal können wenig mit ihm anfangen. Es kann gar nicht anders sein – beide Welten sind zu verschieden. Die Lösung liegt in der Akzeptanz.

10 Inkarnation und Inkarnationsprobleme

Am Ende dieses Teils befassen wir uns eingehend mit der Entwicklung der Seele und den Problemen, die dabei auftreten können.

Inkarnation

Wenn die Seele sich mit einem Körper verbindet, nennen wir das „Inkarnation". Das bedeutet wörtlich „ins Fleisch gehen". Für die Seele ist das eine große Umstellung. Zuerst lebte sie in der Seelenwelt, wo sie in gewisser Weise frei wie ein Vogel war. Sie brauchte sich nur vorzustellen, an einem bestimmten Ort zu sein, und schon war sie dort; denn in der Astralwelt gibt es keine Entfernungen wie in der materiellen Welt. Jetzt ist die Seele plötzlich an die Grenzen des materiellen Körpers gebunden. Sie kann noch nicht einmal kriechen! In der Astralwelt war die Kommunikation glasklar. Eine Seele wusste sofort, was andere Seelen dachten oder fühlten. Im kleinen Leib des Babys ist die astrale Wahrnehmung noch vorhanden. Das Baby weiß, sieht und spürt die Essenz der Menschen in seiner Umgebung. Doch seltsamerweise sind diese Menschen dazu nicht imstande. Die Mutter weiß nicht, warum das Baby weint. Was für eine Ohnmacht: Man sieht und hört alles, kann sich aber nicht mitteilen. Diese Erfahrung kann man mit der Situation eines Erwachsenen vergleichen, der alles wahrnimmt, aber plötzlich nicht mehr kommunizieren kann, weil er nicht sprechen, zeigen, schreiben oder sich mimisch ausdrücken kann. Kein Wunder, dass manche Seelen sich in diesem kleinen Körper sehr unbehaglich fühlen und sich vor Enttäuschung manchmal die Lungen aus dem Leibe schreien.

Der Weg der Seele zur Erde ist kein leichter Weg, zumindest nicht immer. Die größte Hilfe für die Seele, die sich mit den Einschränkungen des Menschseins abfinden muss, ist die tiefe Verbindung mit der Quelle. Dann fühlt das Kind sich sicher, geliebt und geborgen. Manche Seelen sind so weit entwickelt, dass sie in der so genannten hohen Astralwelt leben. Sie kennen die Quelle aus der Nähe und sind ständig mit ihr verbunden. Sie haben sich noch nicht mit ihr vereinigt, können sie aber wahrnehmen. Darum fühlen sie sich friedvoll, geborgen und geliebt. Andere Seelen sind noch nicht so weit. Sie kennen noch keine tiefe Liebe. Wenn sie auf die Erde kommen, fällt es ihnen schwer, die Liebe, die es dort gibt, anzunehmen; denn in der ihnen bekannten Welt gibt es ja keine Liebe. Darum sind sie misstrauisch. Doch das ist nicht alles. Wenn eine Seele auf der Zwischenebene im Dunkeln lebt, wird sie auch auf der Erde in einer dunklen Umwelt geboren. Davon gibt es zwar Ausnahmen, aber so lautet die allgemeine Regel. Seelen, die in einer lieblosen Umgebung geboren werden, haben daher wenig Kontakt mit der Quelle. Darum ist der Weg zum Licht für sie beschwerlich. Allerdings wäre es falsch zu glauben, alle Seelen, die in eine lieblose Umwelt hineingeboren werden, seien nicht liebesfähig. Manche werden eben deshalb in der Dunkelheit geboren, weil sie so viel Licht haben. In der Konfrontation mit der Dunkelheit kann die Seele sich noch eindeutiger für das Licht entscheiden, das letzte Ziel ihrer Entwicklung.

Eine Inkarnation ist also nichts Zufälliges. Sie ist ein Prozess, in dem die Seele fällt und wieder aufsteht. Ein sehr wichtiger Faktor beim Inkarnationsprozess ist das, was die Seele auf die Erde mitbringt. Immerhin hat sie bereits viele Leben hinter sich und weiß daher einiges über das Leben auf Erden. Vertraut sie dem Leben oder nicht? Erwartet sie, Liebe zu finden? Fühlt sie sich wohl in ihrer Haut (eine etwas seltsame Vorstellung für eine Seele)? Wenn sie in ihrem letzten Leben viel leiden musste, ist sie sich dessen oft noch deutlich bewusst. Wenn ein Mensch zum Beispiel im Krieg stirbt, steht seine Seele dem irdischen Leben wahrscheinlich zurückhaltend gegenüber. Das Gleiche gilt, wenn die Seele vor kurzem Kälte, Hunger, Trockenheit, den Ertrinkungstod, einen Brand oder Ähnliches erlebt hat. Solche Erfahrungen kann die Seele selten im Zwischenleben verarbeiten, und darum sind die Erinnerungen noch frisch, wenn sie auf die Erde kommt. Der wichtigste Faktor ist natürlich die Liebe. Hat die Seele große Angst vor der Liebe, lebt sie auf der Erde in Angst. Wenn sie in der Liebe blüht, kann nichts auf Erden sie erschüttern.

Erdung und Spiritualität

Wir bezeichnen den Inkarnationsprozess auch als Erdung. Dieser Begriff macht deutlich, dass die Erde in diesem Prozess die entscheidende Rolle spielt. Die Seele kommt aus der feinstofflichen Welt. Der Körper ist grobstofflich. Wie kann ein so feinstoffliches Wesen wie die Seele in den grobstofflichen Körper eingehen? Das ist möglich, weil der Mensch einen komplexen feinstofflichen Leib besitzt, auch Lichtkörper genannt. Das Bekannteste an ihm sind die Meridiane, die in zahllosen Formen der Heilkunde eine Hauptrolle spielen. Akupunkteure stecken Nadeln in bestimmte Punkte auf diesen Energiekanälen, um den Energiehaushalt im Körper zu regulieren. Die Aura ist ebenfalls ein wichtiger Bestandteil des Energiekörpers. Aber zunächst wollen wir uns mit den sieben Hauptchakras befassen. Über die Mittellinie des Körpers läuft der wichtige Energiekanal, mit dem diese sieben Chakras verbunden sind. Das siebte Chakra strahlt am Scheitel nach oben. Das erste strahlt am Steißbein in die Erde (siehe Abbildung 2a und 2b). Alle sieben Hauptchakras sind sozusagen Kraftwerke. Im siebten Chakra, dem Kronenchakra, wird die feinste Energie verarbeitet, im ersten, dem Wurzelchakra, die grobstofflichste. Die Chakras dazwischen verarbeiten umso grobstofflichere Energie, je tiefer sie liegen.

Die Hauptchakras sind mit den Drüsen und Zentren des Hormonsystems verbunden (siehe Abbildung 3, Seite 70). Es besteht also eine unmittelbare Verbindung zwischen dem Energie- und dem Hormonsystem. Das Hormonsystem ist der Chef des materiellen Körpers; es steuert und reguliert alle seine Funktionen. Wie subtil das Hormonsystem ist, zeigt die Größe der Hypophyse. Diese Drüse steuert und reguliert alle Funktionen des materiellen Körpers und bildet außerdem viele Hormone. Dennoch ist sie nicht größer als eine Erbse!

Das Chakra mit der feinsten Energie, das Kronenchakra, regelt unsere Verbindung mit der Zwischenwelt und mit dem Kosmos. Darum besteht es aus einer so feinen Energie. Das Chakra mit der gröbsten Energie, das Wurzelchakra, reguliert unser Dasein auf Erden. Es erhielt seinen Namen, weil es in der Erde wurzelt. Die Energie dieses Chakras strahlt also nach unten, in die Erde. Zudem kann dieses Chakra Lebenskraft aus der Erde nach oben leiten und den Körper mit dieser besonderen Energie von Mutter Erde stärken. Diese Energie ist notwendig, wenn wir dem Leben auf Erden die Form geben wollen, die es haben soll.

Diese beiden Hauptchakras machen deutlich, dass unser Leben sich in einem Kraftfeld abspielt, an dessen einem Ende sich die kosmische Energie befindet, die unter anderem den Kontakt mit der Astralwelt ermöglicht, und an dessen anderem Ende die Erdenergie fließt, die unser Leben auf der Erde ermöglicht. Dieses Bild illustriert zugleich, dass wir nur halbe Menschen sind, wenn eine dieser Energien fehlt. Dennoch kommt das sehr oft vor. Einerseits gibt es zahllose Menschen, deren Spiritualität abgestumpft ist. Das siebte (und das sechste) Chakra entwickelt sich dann unvollständig. Solche Menschen wissen nichts von der göttlichen Ebene. Andererseits gibt es auch viele Menschen, denen das Leben auf Erden nicht gefällt. Sie ziehen sich aus den unteren Regionen ihres Körpers zurück. Bei ihnen arbeitet das Wurzelchakra besonders schlecht. Dadurch sind sie dem Leben auf der Erde nicht gewachsen. Wenn sie keine Arbeit bekommen, sich falsch ernähren, nicht leben wollen oder ihren Haushalt nicht ordentlich führen können, ist das Wurzelchakra immer gestört.

Die Chakras, die zwischen dem Kronenchakra und dem Wurzelchakra liegen, regulieren einige Funktionen, die für das Leben auf Erden wichtig sind. Wir möchten sie ihnen auf den folgenden Seiten vorstellen:

Das zweite Chakra liegt auf halbem Weg zwischen dem Nabel und dem oberen Rand des Schambeins und regelt unter anderem die Fortpflanzung und die schöpferische Energie, die sich in der Sexualität ausdrücken kann. Diese Energie ist die Quelle aller schöpferischen Prozesse im Leben.

Das dritte Chakra liegt am Nabel. Es wird Solarplexus oder Sonnengeflecht (eine wörtliche Übersetzung) genannt und reguliert das Ich, also unsere Fähigkeit, „Das bin ich" zu sagen und uns von der Umwelt abzugrenzen. Außerdem reguliert es die Emotionen, da es mit der emotionalen Schicht der Aura verbunden ist.

Das vierte Chakra oder Herzchakra liegt mitten auf dem Brustbein und steuert das materielle Herz auf der feinstofflichen Ebene. Viel bekannter ist seine Funktion als emotionales Herz. Die Emotionen des Herzens entstehen und entwickeln sich also im emotionalen Herzen. Wie wir noch sehen werden, ist dieses Chakra jedoch zu einer noch viel größeren Liebe imstande. Der höchste Entwicklungszustand des Herzchakras ist die Verwirklichung der Christusenergie auf Erden.

Das fünfte oder Kehlchakra liegt mitten auf der Kehle. Es ist mit der Sprache verbunden, mit der Fähigkeit, sich klar auszudrücken.

Das sechste Chakra liegt mitten auf der Stirn. Es regelt das Sehen auf der feinstofflichen Ebene und ist eng mit dem Denken und dem Gedächtnis verbunden.

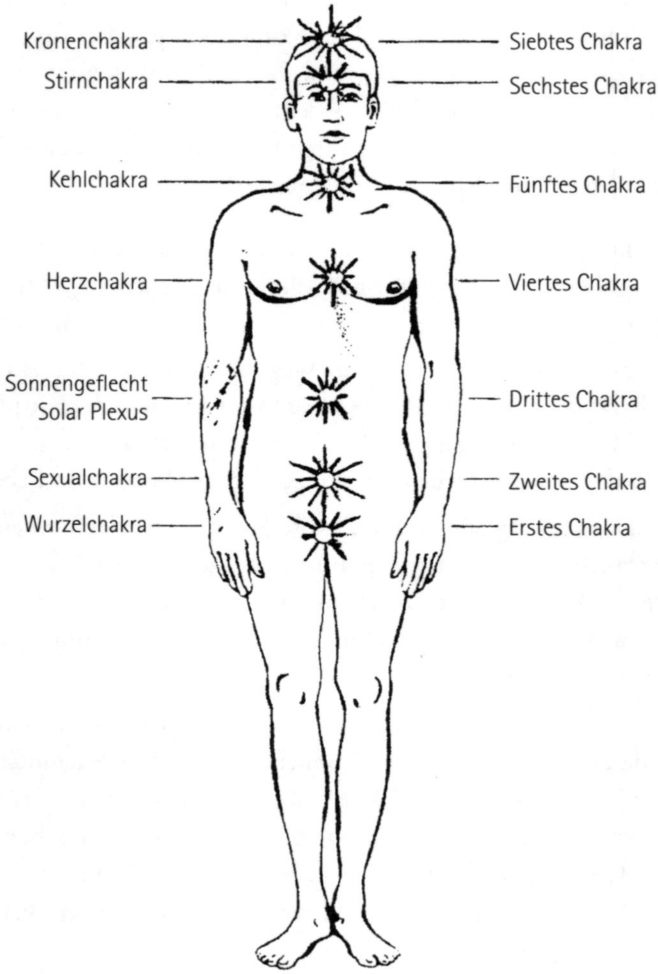

Abbildung 2a. Die sieben Hauptchakras von vorne
(Quelle: Delnooz, *Energetischer Schutz,* Windpferd Verlag, Aitrang 2001)

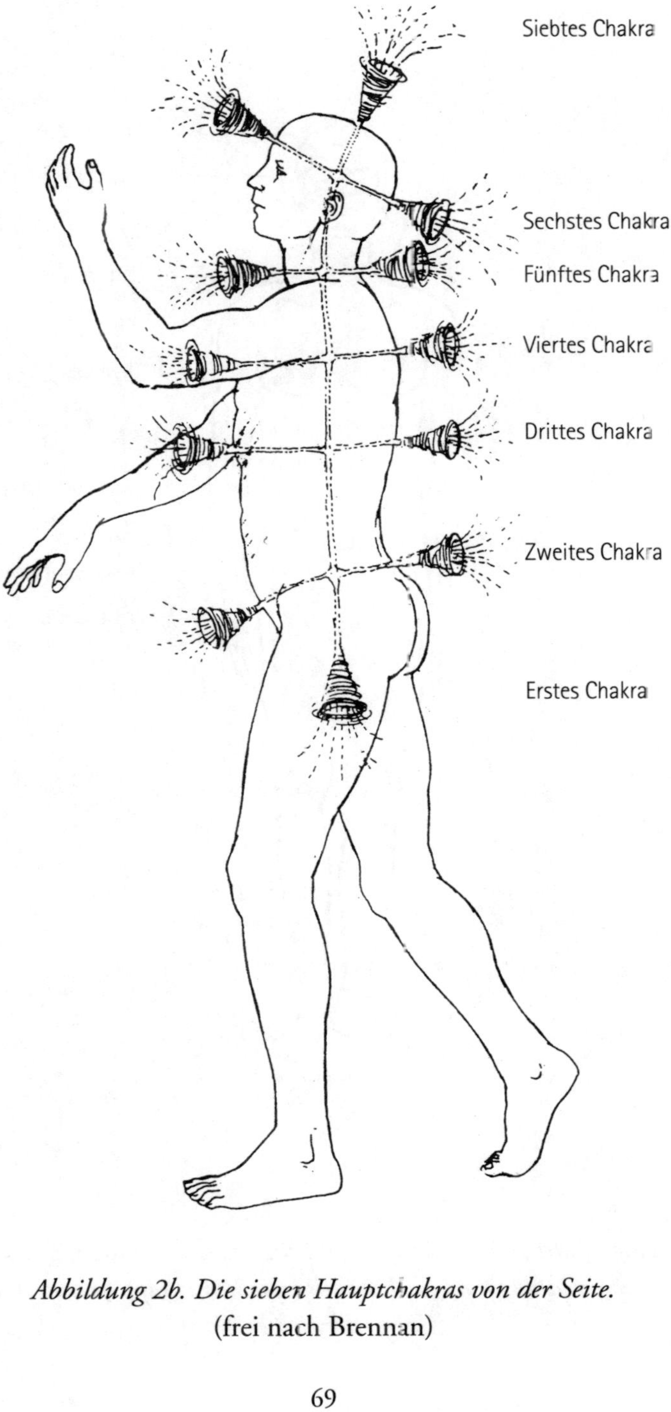

Abbildung 2b. Die sieben Hauptchakras von der Seite.
(frei nach Brennan)

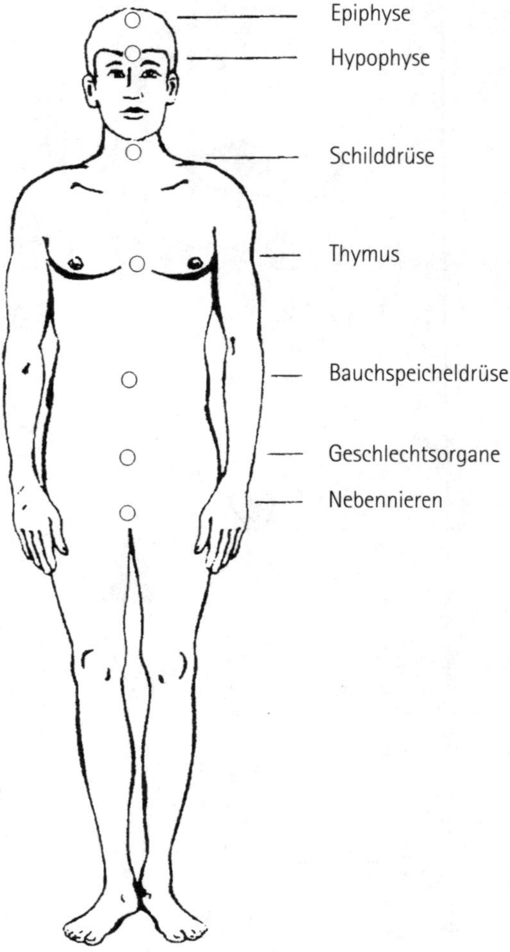

Abbildung 3. Die Einheit des grobstofflichen und des feinstofflichen Körpers bekommt durch die Verbindung zwischen Hauptchakras und Hormondrüsen Form.

Inkarnieren bedeutet, hier auf der Erde leben. Die sieben Hauptchakras regulieren dieses Leben auf der energetischen Ebene. Wenn sie ausgewogen sind, ist die Seele spirituell entwickelt und kann sich auf der Erde behaupten. Sie kann ihre irdische Aufgabe erfüllen, weil sie fest mit dem materiellen Körper verbunden ist und unser tägliches Leben lenkt. Die Spiritualität ist „geerdet"; das heißt, sie ist im Alltag erkennbar, am deutlichsten in unserer Uneigennützigkeit. Wenn die Seele nicht mit allen sieben Hauptchakras verbunden ist, besteht ein Ungleichgewicht, dessen Art davon abhängt, welche Chakras gestört sind. Zwei Grundmuster seien nachfolgend beschrieben:

Das Wurzelchakra ist unzureichend entwickelt

Wenn das Wurzelchakra unterentwickelt ist, strömt zu viel Energie in den Kopf, weil die Energie nicht durch das Wurzelchakra abfließen kann und die Energie vom Kopf aus nicht in Handeln umgesetzt werden kann. Solche Menschen sind häufig „kopflastig". Sie denken viel, handeln aber wenig. Der Kopf ist bisweilen dösig, die Konzentration fällt schwer.

Das Kronenchakra ist unzureichend entwickelt

Diese Menschen interessieren sich sehr für das Materielle. Das Spirituelle entwickelt sich bei ihnen nicht, so dass sie die wahre Bedeutung des Lebens nicht verstehen. Sie leben in der Illusion der Materie und glauben, der Sinn des Lebens sei allein auf der materiellen Ebene zu finden. Dadurch bleiben sie auf die emotionale Sphäre beschränkt und fühlen sich nicht im Göttlichen geborgen. Das kann dazu führen, dass sie sich sehr einsam fühlen und sehr leiden müssen. Weil ihnen das Wissen um den wahren Zweck des Lebens fehlt, ist ihr Blickwinkel sehr eng.

Die Flucht ins Spirituelle

Manchen Menschen flößt das Leben auf Erden Furcht ein. Sie fühlen sich in der feineren Astralwelt wohler und sind daher mit ihrem Körper besonders schlecht verbunden. Sie halten sich lieber in den feineren Schichten des Energiesystems auf. Das Zentrum ihrer Gegenwart (der Punkt, von dem aus sie sich ihrer selbst bewusst sind) liegt bei ihnen nicht im Körper, sondern neben ihm, oft einige Dezimeter von der Haut entfernt. Darum stehen sie mit der Wirklichkeit nicht in Kontakt. Solche Menschen werden häufig als „versponnen" bezeichnet. Manche halten ständig Abstand vom Körper, andere machen gelegentlich von diesem Zufluchtsort Gebrauch.

Wenn der Kern sich nicht im Körper befindet, ist das Gefühlsleben stark beeinträchtigt. Der Mensch spürt die Schmerzen des täglichen Lebens nicht. Deshalb sehen wir dieses Verhaltensmuster so oft bei Menschen, die körperlich oder sexuell missbraucht werden – sie erwecken den Eindruck, als sei ihnen alles gleichgültig. Bei Menschen, die Angst vor dem Leben haben, tritt dieses Phänomen ebenfalls häufig auf. Indem sie sich vom Körper entfernen, meiden sie den Kontakt mit dem täglichen Leben und halten sich dann mehr in einer Traumwelt auf.

Manche Menschen, die vor der Welt fliehen, leben in einer anderen, angenehmeren Welt. Sobald das Leben auf Erden schwierig wird, ziehen sie sich in die andere Welt zurück. Sie müssen sich unbedingt ihres Verhaltens bewusst werden, andernfalls machen sie im Leben keine Fortschritte. Sie leben weder auf der Erde noch in der Seelenwelt. Wenn sie die Verantwortung für ihre Existenz auf Erden übernehmen, können sie ihrem Leben eine neue, sinnvolle Richtung geben.

Oft wird das Verweilen in der feineren Dimension als „spirituell" erlebt. Das liegt zum Teil daran, dass die betroffenen Menschen häufig hellsichtig sind. Sie spüren deutlicher, was andere erleben; sie sehen bedeutungsvolle Bilder oder hören ohne das physische Ohr. Deshalb sind sie sich dessen bewusst, dass der irdische Körper nicht alles ist. Das verwechseln sie mit Spiritualität. Es ist wichtig, diesen Irrtum zu berichtigen. Hellsichtigkeit hat nichts mit Spiritualität zu tun. Der Maßstab für die Spiritualität ist die Liebe. Wer liebt, will nicht außerhalb seines Körpers sein, sondern steht mit beiden Beinen fest auf der Erde. Die Liebe nimmt auf der Erde Form an – Gott bekommt Hände und Füße.

TEIL 2

SPIRITUALITÄT IN DEN EINZELNEN LEBENSPHASEN

11 Das Kind

Der spirituelle Weg des Kindes beginnt mit der Empfängnis. Das geistige Niveau der Eltern während der Ehe und der Befruchtung ist für die Seele in zweierlei Hinsicht entscheidend; denn was man aussendet, zieht man an. Das gilt auch für die Empfängnis. Je höher die Eltern entwickelt sind, desto höher entwickelte Seelen locken sie an. Zweitens können die Eltern eine Seele im Augenblick der Zeugung höher heben. Wenn ein Mann und eine Frau mit der Quelle Kontakt haben und der ankommenden Seele in der Quelle begegnen, wird diese sich der Quelle in sich bewusst und kommt ihr näher. So früh können wir also die Entwicklung eines Menschen beeinflussen.

Für junge Menschen ist das Vorbild der Eltern von größter Bedeutung. Wenn die Eltern ihre Spiritualität entwickeln, so ist dies der beste Weg, um das Kind mit der Spiritualität vertraut zu machen. Es genügt nicht, über Spiritualität zu reden; Eltern müssen spirituell sein. Dann lebt dass Kind in den spirituellen Schwingungen, welche die Eltern zusammen ausstrahlen. Für ein Kind gibt es keinen natürlicheren Weg zur Quelle als diesen.

Wird das Kind älter, kann man es Lebensregeln lehren, die von tiefer Spiritualität zeugen. Die erste Regel lautet: Das Kind hat die Aufgabe, sich selbst zu entdecken. Die Eltern können ihm eine dafür geeignete Umgebung anbieten. Wenn ein Kind einen Fehler macht, brauchen wir es nicht zu strafen. Wir können ihm helfen herauszufinden, welche Folgen sein Verhalten hat. Dann versteht es, was es falsch gemacht hat, und diese Einsicht kommt von innen und wird ihm nicht aufgezwungen. Zudem gewöhnt das Kind sich die Selbstprüfung an, die auf dem spirituellen Weg unerlässlich ist. Um zu ergründen, was wahr ist und was unwahr ist, was gut ist und was schlecht ist, muss das Kind nach innen gehen, in den Teil des Herzens, in dem das Licht hell ist. Dort sind Wissen und Urteilsvermögen verfügbar. Darum ist es wichtig, dass wir dem Kind diesen Platz in seinem Herzen zeigen. Wir müssen viel mit ihm reden, und zwar so, dass seine Aufmerksamkeit nach innen gelenkt wird. Das klappt bereits mit kleinen Kindern recht gut. Natürlich dürfen wir nicht weiter gehen, als das Kind folgen kann. Es braucht Zeit, um ein Thema zu untersuchen und auf seinem Weg zu fallen und aufzustehen. Damit das Kind weiterkommt, ist ehrliche Kommunikation notwendig, wenn es einmal „fällt“. Wir müssen das Kind in seinem Herzen ansprechen und es auffordern, nach der Wahrheit zu suchen.

Wir können den Kontakt zwischen Erwachsenen und dem Kind symbolisch beschreiben, indem wir uns beide als Kerzenständer mit einer schönen brennenden Kerze vorstellen. Der Ständer symbolisiert das tägliche Leben, die Kerze die Reise nach innen, die Flamme das große Herz, also den Weg zur Quelle. Der Kern der Flamme wäre dann die Quelle selbst, unser göttlicher Funke. Wenn wir das Kind vom Fuß des Kerzenständers aus ansprechen, reagieren wir emotional. Unter einer Emotion verstehen wir das Ausdrücken eines inneren Erlebens, ohne dafür die Verantwortung zu übernehmen. Wenn wir emotional reagieren, befinden wir uns nicht im großen Herzen und sind nicht in bedingungsloser Liebe mit dem Kind verbunden. Das Kind fühlt sich dann von den Eltern nicht bedingungslos geliebt. Was ist die Folge? Manche Kinder sind sehr eng mit ihrem göttlichen Funken verbunden, mit der absoluten, bedingungslosen Liebe, dem Kern der Flamme. Wenn die Eltern sie nicht bedingungslos lieben, nehmen sie dies als Distanzierung wahr. Das ertragen sie nicht, weil das große Herz unverwundbar ist. Es kommt dann zu einem umgekehrten Prozess: Das Kind liebt seine Eltern bedingungslos und akzeptiert innerlich die Haltung der Eltern. Dafür braucht das Kind sehr viel Kraft, die es nur dann besitzt, wenn seine Seele eine lange Entwicklung hinter sich hat. So kann es geschehen, dass Eltern ihrem Kind wenig Liebe geben und das Kind dennoch wächst und gedeiht.

Meist kommt es aber anders. Wenn die Eltern das Kind nicht bedingungslos lieben, liebt dieses sich selbst ebenfalls nicht bedingungslos. Wenn es sich in seiner Flamme – in seinem höheren Bewusstsein – befindet, steigt es hinab. Seine Flamme wird matt; das heißt, das Kind ist sich ihrer nicht mehr bewusst und reagiert vom Kerzenständer aus. Aus dem großen Herzen ist es ins kleine Herz abgestiegen und reagiert nun emotional. Das bedeutet einen Stillstand in seiner Entwicklung.

Wenn Eltern emotional auf ihr Kind reagieren, wollen sie damit bisweilen erreichen, dass es sich unwohl fühlt. Sie wollen es bewusst aus seiner Flamme holen und versuchen, sein Bewusstsein auf die Höhe des Kerzenständers – die emotionale Ebene – herunter zu holen.

Der Mensch ist imstande, sich über die emotionale Ebene zu erheben und das höhere Denken und Fühlen zu erlangen. Das fördert die geistige Entwicklung, den Weg zum Göttlichen. Dieser Weg führt ins spirituelle Herz. Von dort aus sollten wir unser Kind betrachten. Welches Ziel hat es im Leben? Was braucht es, um weiterzukommen? Wenn wir diesen Standpunkt einnehmen, sehen wir die eigene Flamme des Kindes und seinen tieferen Kern. Das äußere Erscheinungsbild ist dann nebensächlich. Wir sehen die Essenz des Kindes und verstehen sein Handeln. Wir begreifen, warum es so und nicht anders handeln muss. Wir erkennen, warum das Kind zu uns gekommen ist. Jetzt können wir an die Zukunft denken: Was ist für das Kind am wichtigsten? Wie können wir ihm auf seinem Weg zu seiner Essenz helfen? Was ist die Hauptsache, was ist nebensächlich?

Wenn wir das Kind so wahrnehmen, geschieht etwas besonderes: Wir machen dem Kind die Flamme bewusst, die in ihm brennt. Wir zeigen ihm, dass es viel mehr ist als sein Alltagsbewusstsein. Manche Kinder kennen die herrliche, strahlende Flamme in ihrem Inneren bereits. Dann können wir dem Kind helfen, eine tiefe, stabile Beziehung zu seiner Flamme aufzubauen. Auf diese Weise begegnet der Erwachsene von seinem höheren Bewusstsein aus dem Kind in dessen höherem Bewusstsein. Das Kind erforscht daraufhin sich selbst von diesem höheren Standpunkt aus und erlangt tiefe Einsichten über sich. Diese Einsichten gründen auf Liebe und sind daher wahr. Ein Kind, dem wir so helfen, sich selbst in seinem Kern zu begegnen, wird ein weises Kind.

Vielleicht kommt ihnen dieser Kontakt zwischen Eltern und Kind unverbindlich und nebulös vor. Das ist er nicht. Diese innere Haltung ist sehr konkret, sie ist für die Eltern und das Kind ein Segen. Mit dieser Einstellung führen wir das Kind zu seiner Wahrheit. Wir lehren es, zu seinem Kern zu gehen. Dafür brauchen Erwachsene Durchsetzungsvermögen; denn in unserer Zeit beantworten Kinder Fragen nach ihrem inneren Leben häufig mit „Weiß ich nicht". Wir wollen aber erreichen, dass das Kind weiß. Das dauert Jahre. Aber das spielt keine Rolle, denn es kostet immer Zeit, eine Fertigkeit zu erwerben. Wir müssen mit dem ersten Schritt beginnen und dann Jahr für Jahr das Fundament aufbauen. Die Fähigkeit, gut und ehrlich mit sich selbst zu kommunizieren, ist die Grundlage jeder spirituellen Entwicklung.

Manche Kinder neigen von Natur aus zum Spirituellen. Es ist wichtig, dass wir diesen geistigen Hunger mit guter Nahrung stillen. Das sind vor allem

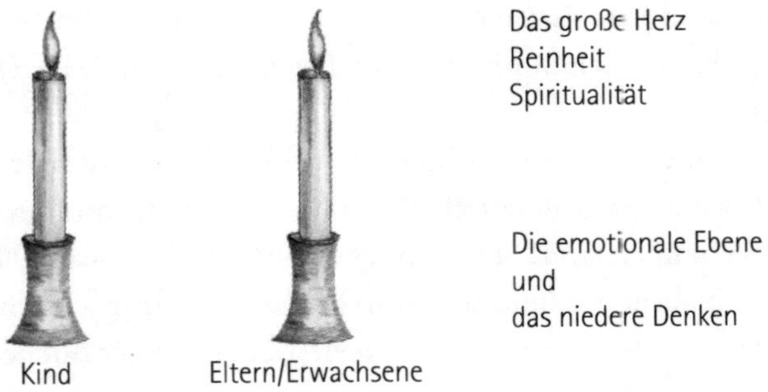

Abbildung 4a. Wir können uns das Kind und den Erwachsenen als Kerzenständer mit einer brennenden Kerze vorstellen.

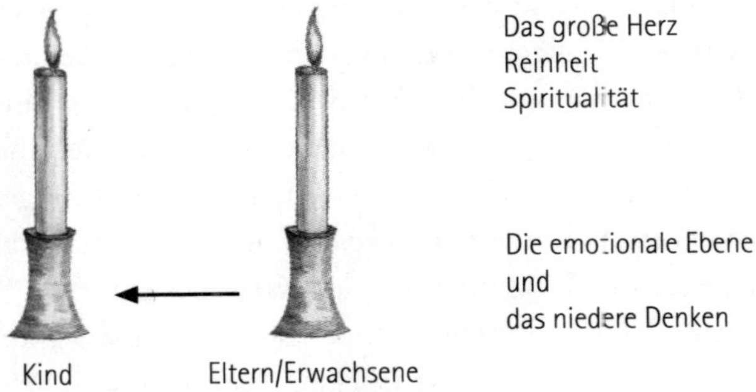

Abbildung 4b. Die Eltern sprechen von ihrem niederen Bewusstsein aus das niedere Bewusstsein des Kindes an.

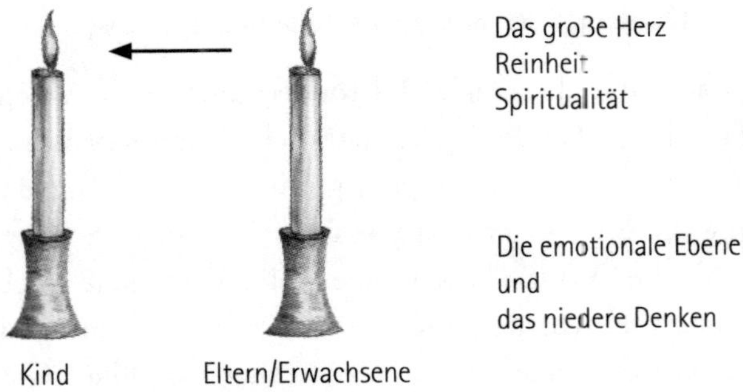

Abbildung 4c. Die Eltern begegnen dem großen Herzen des Kindes von ihrem großen Herzen aus.

Gespräche, die dem Kind klar machen, dass in ihm eine tiefe Wahrheit wohnt, die kennen zu lernen sich lohnt, weil es reicher wird, wenn es nach seiner Wahrheit lebt.

Wir können dem Kind auf diesem Weg auch weiterhelfen, indem wir mit ihm spirituelle Bücher lesen, geschrieben von Menschen, die mit ihrer spirituellen Quelle verbunden sind. Solche Bücher sind für das spirituelle Kind eine vorzügliche Nahrung. Man kann sie in Buchhandlungen kaufen, die sich auf esoterische Literatur spezialisiert haben. Manche dieser Bücher sind zwar für Erwachsene bestimmt, aber ein etwas älteres Kind kann sie mit unserer Hilfe dennoch verstehen.

Wir sind, was wir essen. Das gilt auch für die spirituelle Entwicklung des Kindes. Manche Nahrungsmittel fördern die Reise nach innen, andere stoßen das Kind nach außen. Wenn wir einem Kind helfen wollen, nach innen zu gehen, müssen wir mit allen aufreizenden und süchtig machenden Nahrungsmitteln sehr vorsichtig umgehen. Wir wollen dem Kind ja eine Nahrung geben, die den feinstofflichen Körper stärkt. Ohne Zweifel sind biologisch-dynamische Produkte denen, die mit Giften und Kunstdünger erzeugt wurden, auch in dieser Hinsicht überlegen. Biogemüse vom Acker verdient den Vorzug gegenüber Produkten aus dem Gewächshaus.

Wenn Nahrungsmittel älter werden, nimmt ihre Lebenskraft ab. Darum ist Frischkost am gesündesten – je frischer, desto besser. Sobald wir Nahrungsmittel zubereiten, beginnt der Zerfallsprozess. Ayurveda, die traditionelle indische Gesundheitslehre, hat erkannt, dass Speisen uns schon 24 Stunden nach der Zubereitung nicht mehr ausreichend ernähren. Dann eignen sie sich nicht mehr für Menschen, die nach dem Licht streben. Das gilt natürlich auch für Kinder. Reste sind also minderwertige Kost.

Nahrung erreicht uns nicht nur über den Mund, sondern auch durch Augen, Ohren, Nase und Haut. Dabei handelt es sich natürlich nicht um Nahrung für den materiellen Körper, sondern um geistige Kost. Was nimmt das Kind mit den Augen wahr? Sieht es fern? Mag es Computerspiele? Spielt es mit seinem Handy? Welche Qualität haben seine Hobbys? Manche Spiele und Fernsehprogramme sind harmlos, andere handeln von Sensationen, niederen Emotionen und Gedanken, Gewalt, entseelter Sexualität, Gier und so weiter. Wenn Kinder sich damit beschäftigen, wird ihre Fähigkeit, mit sich selbst Kontakt aufzunehmen, stark eingeschränkt. Sie haben keine Ahnung, wie sie den Tag ohne Bildschirm verbringen sollen. Diese Nahrung ist für die Reise nach innen besonders giftig. Die ungünstigste Zeit für das Fernsehen ist der Morgen, wenn das Kind aufsteht, und der Abend vor dem Zubettgehen. Morgens wollen wir das Kind ins wahre Leben wecken und ihm Tiefe und Sinn vermitteln, damit es seine Aufgaben im Leben erfüllt. Abends wollen wir es auffordern, bei sich selbst zu sein und friedlich einzuschlafen. Kinder, die vor dem Zubettgehen Gewalt konsumieren, sind für niedere astrale Energien viel empfänglicher als andere Kinder. Solche Programme erzeugen nämlich in gewissem Sinne ähnliche Schwingungen wie die niedere Astralwelt.

Auch die Musik, die das Kind hört, hat auf seine geistige Entwicklung großen Einfluss. Manche Kinder hören den ganzen Tag harte Musik, die sie nach außen schleudert, weg von sich selbst. Wird diese Musik mit harten, grellen, aufreizenden und sexualisierenden Bildern kombiniert, wie es bei Musikvideos üblich ist, fällt es dem Kind noch schwerer, mit sich selbst und mit seiner Quelle in Kontakt zu bleiben. Das müssen wir dem Kind klar machen und ihm helfen, ein gesundes Gleichgewicht zu finden.

12 Erwachsene

Im Rahmen dieses Buches verdienen einige Themen besonderes Augenmerk.

Beziehungen

Beziehungen haben eine große Bedeutung. Sie sind ein Wegweiser zur Quelle. Das Ziel jedes Menschen ist die Einheit mit der Quelle. Dort gibt es keine Dualität mehr. Dort ist alles eins. Wir können uns diese Dimension nur schwer vorstellen; dennoch sind wir auf dem Weg dorthin. Im Mikrokosmos der Beziehungen zeigt uns die Schöpfung, dass es mehr gibt als Zweiheit; denn eine Beziehung fordert uns auf, zur Einheit hin zu wachsen. Aus zweien wird dann eins. Bei manchen Menschen ist das deutlich erkennbar: Sie haben die Dualität in ihrer Beziehung sozusagen ein wenig überwunden. Das geht nur durch die Liebe. Je tiefer die Liebe ist, desto näher kommen zwei Menschen in ihrer Beziehung der Einheit. Auf diese Weise lehrt uns die Schöpfung, wie wir nach innen, zur Einheit gehen können: durch Liebe. Ohne Liebe kommen wir nie ans Ziel. Das lehren auch die heiligen Schriften.

Wenn Mann und Frau in Liebe eins werden, kann ein Kind geboren werden. Dann erteilt die Schöpfung uns wieder eine wichtige Lektion. Die Pflege des Kindes verlangt nämlich von uns, unser kleines Ich zu überwinden und zu geben, zu geben, zu geben und noch einmal zu geben. Denken Sie an die besondere Kraft des großen Herzens: Je mehr wir geben, desto mehr sind wir von Liebe erfüllt. Wenn wir uns selbst und unsere persönlichen kleinen Wünsche hintanstellen, kommen wir auf dem Weg zur Erleuchtung, zur Einheit mit der Quelle einen großen Schritt voran.

Liebe in der Beziehung

Eine Beziehung eröffnet uns eine besondere Dimension in unserer spirituellen Entwicklung. Das wollen wir am Beispiel von Carmen und Rolf erläutern.

Auch Carmen und Rolf haben die Aufgabe, sich zur Quelle hin zu entwickeln. Als Erwachsene haben sie Gelegenheit, diese Aufgabe zu erfüllen. Dessen sind sich beide sehr genau bewusst. Sie wissen, dass das Leben ihnen Lektionen anbietet und dass diese Lektionen der Weg zur Erleuchtung sind. Sie wissen auch, dass es einfache und schwierige Lektionen gibt. Die einfachen lernt man schnell, sofern man aufmerksam und wach ist; die schwierigen verlangen erheblich mehr Zeitaufwand. Wie bereits erwähnt, offenbaren sich solche Lektionen dadurch, dass sie sich immer wieder melden. Sie sind gewissermaßen ein schmerzhafter roter Faden im Leben. Rolf und Carmen haben als Partner die Aufgabe, einander auf dem Weg zum Kern zu helfen. Es ist für jede Beziehung wichtig, das zu verstehen. Wenn sie einander auf dem Weg zur Quelle helfen, kämpfen sie nicht gegeneinander, sondern miteinander. Sie streben dasselbe Ziel an: Bewusstheit. Nehmen wir an, dass Carmen immer wieder vor dem gleichen Problem steht. Ihre Aufgabe besteht darin, es zu lösen, und Rolf hat die Aufgabe, ihr dabei zu helfen. Dafür ist Abstand notwendig. Denken Sie an das Bild von den zwei Kerzen in Abbildung 4. Es gilt auch für Carmen und Rolf. Wenn Carmen vor einem Problem steht, verlangt die spirituelle Dimension der Beziehung von Rolf, in sein höheres Bewusstsein zu gehen und die Position der Flamme einzunehmen. Von diesem Standpunkt aus kann er Carmen helfen, ohne emotional oder irrational zu sein. Von seiner höheren Position aus spricht Rolf seine Partnerin in ihrer Flamme an. So hilft er ihr, sich über ihr Problem zu erheben und Einsicht zu erlangen. Rolf und Carmen bilden ein Team, das zusammen wachsen und sich entwickeln will.

Wenn Rolf und Carmen so miteinander umgehen, entsteht eine tiefe Liebe. Die Position der Flamme schließt Mitgefühl ein. Die beiden können einander also in Liebe unterstützen, ohne Urteile zu fällen, selbst wenn der Partner Fehler macht. Das Herz blüht bei so viel Respekt auf. Die Kinder von Carmen und Rolf lernen eine besonders wertvolle Manier des Miteinander-Umgehens. Dieses Bild nehmen sie ohne Worte in sich auf. So bauen wir an einer Welt des Friedens und des Respekts.

In der Realität ist es oft anders. Wir reagieren nicht vom höheren Bewusstsein aus, sondern begnügen uns mit Emotionen und niederem Denken. Die Folge sind Streit und Krieg auf der mikrokosmischen Ebene der Beziehung. Das ist schade, weil es nicht notwendig ist. Bei einem Streit dieser Art gehen beide Partner nicht nach innen, sondern nach außen. Sie reagieren von außen aufeinander. So werden sie nicht bewusst. Wenn die Partner nach spiritueller Entwicklung streben, bietet ihre Beziehung dafür gute Möglichkeiten. Sie können einander helfen, der Wahrheit in die Augen zu sehen. Sie können durch Mitgefühl wachsen. Sie können lernen zu geben, ohne zu nehmen. So blüht eine Beziehung in der Liebe.

Wahrheit

In uns steht mit großen Buchstaben geschrieben, was unsere Wahrheit ist. Wir haben die Aufgabe, diese Wahrheit kennen zu lernen, denn wie könnten wir ohne unsere Wahrheit leben? Woher sollen wir unser Lebensziel kennen, wenn wir unsere Wahrheit nicht kennen? Beide Partner haben also die Aufgabe, sich ihrer Wahrheit bewusst zu werden. Der andere Partner darf diesen Prozess fördern. Sehen Sie, wie viel Kraft darin liegt? Paare fürchten sich oft vor der Wahrheit und stecken den Kopf in den Sand. Sie wagen es nicht mehr, zu fühlen und zu sprechen. Das lässt sich ändern, und man kann dieser Angst auch vorbeugen. Voraussetzung dafür ist gute, beseelte Kommunikation. Damit meinen wir eine Kommunikation, die zum Kern vordringt. Wir sind nicht mit „Weiß ich nicht“ oder „Ich habe keine Zeit“ zufrieden, sondern packen die Probleme gemeinsam an. Das erfordert viel Mut; aber wenn wir damit erst einmal begonnen haben, wollen wir gar nicht mehr aufhören.

Sexualität und Spiritualität

Unsere Gesellschaft legt großen Wert auf einen „gesund“ aussehenden Körper und eine erotische Ausstrahlung. Das zeigt die Fernsehwerbung und jede Modezeitschrift. Was aber ist die Sexualität wirklich wert?

Der Mensch ist ein sexuelles Wesen. Er hat nun einmal Geschlechtsorgane und Hormone, die ihn zu sexueller Aktivität reizen. Insofern gibt es zwischen Tieren und Menschen keinen Unterschied. Der Mensch unterscheidet sich vom Tier dadurch, dass er denken und danach handeln kann. Wir können also die Sexualität mit unserem Verstand erforschen, und der Verstand ermöglicht uns Schlussfolgerungen. Ein weiterer Unterschied zwischen Mensch und Tier ist unsere Fähigkeit, Kontakt mit unserem großen Herzen aufzunehmen. Dann überschreiten wir die Grenzen des Sinnlichen und des Verstandes und begeben uns auf eine höhere Ebene der Reinheit. Auch auf diese Weise können wir die Sexualität untersuchen. Wir lassen uns inspirieren, wir empfangen das Wissen über den wirklichen Wert der Sexualität aus der großen Quelle des Wissens die in uns und um uns ist. Diese Quelle ist in uns, weil unsere Seele alles weiß, was es zu wissen gibt. In dieser Quelle sind alle Menschen gleich. Wir können die Quelle selbst anzapfen oder, wenn wir dazu noch nicht imstande sind, Bücher von Menschen lesen, die mit der Quelle verbunden sind. Die Quelle umgibt uns, weil das Göttliche überall ist.

Da es in diesem Buch um die spirituelle Entwicklung geht, stellt sich hier die Frage, wie die Sexualität dazu beitragen kann. Wir erinnern daran, dass wir Spiritualität als Reise zur Quelle in uns definiert haben. Die Quelle ist die unermessliche Liebe jenseits der Dualität. Sie enthält alles Wissen. Wir können uns nur dann an die Quelle erinnern, wenn wir nach innen gehen. Je mehr wir uns mit der materiellen Ebene identifizieren, desto weiter entfernen wir uns von der Quelle – und nichts fesselt uns so sehr an das Materielle wie Sexualität, die nur auf das Körperliche abzielt. Wenn wir nur daran interessiert sind, bildet sich eine Kluft zwischen der materiellen und der spirituellen Ebene. Darin liegt die größte Gefahr der heutigen Sexualität. Die Gesellschaft übt starken Druck aus, damit wir die beiden Ebenen nicht miteinander verbinden. Dabei fühlen sich viele Menschen nicht wohl; aber sie wissen nicht, wie sie den Widerspruch zwischen der vorherrschenden Kultur und ihrer Seele überwinden können, und sie glauben, sie hätten in unserer Zeit keine Wahl. Wie sollen wir also mit der Sexualität umgehen? Die Lösung liegt im Wissen und in der Wahrheit. Wie wir herausfinden, ob Wissen wahr ist, haben wir bereits beschrieben: Die inhärente Liebe bestimmt das Ausmaß der Wahrheit. Nun können wir fragen, was wahrer ist: rein körperlicher Sex oder eine eher besinnliche Einstellung zur Sexualität; rein körperlicher Sex, oder eine Sexualität, die der Liebe entspringt.

Körperlicher Sex

Vielen Menschen ist Sexualität sehr wichtig. Sie betrachten sie als höchste Form der Befriedigung, des Glücks und des Wohlbefindens. Sexualität ohne Liebe kann jedoch nicht glücklich machen. Wer danach strebt, lebt also in einer Illusion, weil er es nicht besser weiß oder weil er diese Illusion nicht aufgeben will. Auch die Gesellschaft als Ganzes versucht, die Illusion von der Liebe als sexuellem Genuss aufrechtzuerhalten. Popstars leben uns diese Einstellung vor, und das Gleiche gilt für Fernsehprogramme einschließlich der Werbung.

Wie ist es möglich, dass diese Illusion weiterlebt, obwohl wir alle nach Liebe und Glück hungern? Die Ursache ist die besondere Kraft der körperlichen Sexualität, die den Menschen nach außen stößt, weg von seinem Kern, weg von seiner inneren Stimme, weg vom Wissen, dass körperlicher Sex nicht alles ist. Der Mensch hört seine innere Stimme nicht mehr, wenn er im Netz der körperlichen Sexualität gefangen ist. Körperlicher Sex macht süchtig, mit allen Nebenwirkungen einer Sucht. „Sexmangel“ führt zu Gier nach Sex und zu Entzugserscheinungen wie Wut, Unruhe und gedanklicher Untreue. Die Gewöhnungssymptome sind ebenfalls offensichtlich: Wir langweilen uns bald und gehen dann auf Suche nach Reizen aller Art, damit die sexuelle Erregung sich doch noch einstellt. In unserer Gesellschaft hat dieses Bedürfnis eine wahre Flut von Perversitäten hervorgebracht.

Sex um des Sex willen vergrößert die Entfernung zwischen der äußeren Welt und der Quelle. Er passt daher nicht in eine spirituelle Entwicklung, die uns ja der Quelle näher bringen soll. Zum Glück gibt es auch tiefe, wahre Liebe. Sie ist rein und wahr. Für sie ist Sexualität ein Hilfsmittel. Auf dieser Ebene ist die Liebe schöpferisch und göttlich. Die menschliche Sexualität kann dem höchsten Wesen auf Erden Form geben: Aus Samenzelle und Eizelle entsteht ein neuer Mensch. Diese Vereinigung ist die göttliche Liebe, der absolute Schöpfungsakt von Mann und Frau. Er ist nur innerhalb einer Geschlechtsgemeinschaft möglich. So entsteht eine Einheit von Mann und Frau, die im kosmischen Sinne des Wortes kreativ ist. Mann und Frau sind dann die Schöpfer eines neuen Universums, eines werdenden Menschen. Dadurch erreichen sie das kosmische Bewusstsein. So wird ein Mensch aus Liebe geboren.

Um die Sexualität auf eine höhere Ebene zu heben, müssen wir sie mit Liebe verbinden. Dies ist der sinnvollste Weg im Westen. Der Tantrismus des Ostens betont die Regulierung des Energiestromes zwischen den Partnern und versucht, die Kundalini-Energie zu befreien und in höhere Chakras aufsteigen zu lassen. Die Sexualität steht also im Dienst der spirituellen Entwicklung. Aber auch hier lenkt die Sexualität den Menschen auf das Körperliche hin. Darum ziehen manche Partner es vor, auf den Tantrismus und auf Sexualität insgesamt zu verzichten und wie Bruder und Schwester zusammen zu leben. Das ist eine bewusste, freie Entscheidung zugunsten der spirituellen Entwicklung.

Masturbation

Masturbation gilt heutzutage als gute Methode, mit sich selbst Kontakt aufzunehmen. Darum werden vor allem junge Menschen dazu ermutigt, die ihre Sexualität noch entdecken müssen. Wenn sie oft masturbieren, reizen sie jedoch immer wieder den Körper und werden von der inneren Welt abgelenkt. Sie werden unruhig und lockern dadurch die Verbindung mit der Ganzheit, die der Mensch ist. Außerdem hegen sie die Illusion, dass diese körperliche Erregung Liebe einschließt. Was die spirituelle Entwicklung anbelangt, so ist es wünschenswert, mit der Masturbation sehr zurückhaltend zu sein. Viele junge Menschen, die oft masturbieren, glauben, Sexualität sei etwas rein Körperliches. Wenn sie später einen Partner haben, ist die Erregung bei der Masturbation für sie das Leitbild, und sie verstricken sich bald im Netz der körperlichen Sexualität.

Masturbieren kostet viel Energie. Die Folge kann sein, dass (junge) Menschen apathisch werden. Langfristiges, häufiges Masturbieren kann auch das Nervensystem schädigen. Ein mögliches Symptom sind Gedächtnisstörungen.

Sexualität und Liebe

Sexualität verändert sich erheblich, wenn sie der Liebe entspringt. Das Ziel ist dann nicht mehr körperliche Erregung, und die Sexualität ist nicht von der Liebe losgelöst, die beide Partner verbindet. Wenn die Liebe die Führung übernimmt, kommt es immer zu einer Bewegung nach innen. Aber was ist Liebe? Sprechen wir hier von der Liebe des kleinen oder des großen Herzens? Selbst wenn das kleine Herz am Sex beteiligt ist, hat er mehr Tiefe als rein körperlicher Sex. Das kleine Herz kann eine stürmische Verliebtheit auslösen. Das ist eine begrenzte Form der Liebe. Das kleine Herz lässt sich zu sehr von den Illusionen des Alltags irreleiten, als dass man von spiritueller Liebe sprechen könnte. Die müssen wir im großen Herzen suchen. Verliebtheit kann sich zu echter, tiefer Liebe des großen Herzens entwickeln. Wenn zwei Partner einander im großen Herzen begegnen, werden sie wahrhaft eins – und genau das suchen sie in der Sexualität. Sie sehnen sich nach einer tiefen Verbindung, nach echter Gemeinschaft.

Die Sexualität ist ein Entwicklungsland mit vielen Möglichkeiten. Jeder Mensch kann sich entwickeln und eine höhere Ebene erreichen, auch in seiner Sexualität. Wenn zwei Menschen gemeinsam danach streben, ist dies eine tiefe Quelle des Glücks für sie. Liebe und Sexualität sind eine Quelle der Inspiration für jeden Menschen, der sich wirklich weiterentwickeln will.

Über die Sexualität hinaus

In der Sexualität liegt eine besondere Kraft: Sie bindet uns an den Körper. Deshalb kann sie die Entwicklung der Spiritualität hemmen. Das war ursprünglich der Grund für das Zölibat der Priester, Mönche und Nonnen. Doch der Verzicht auf Sexualität bewirkt für sich allein noch keine spirituelle Entwicklung. Dafür sind Wissen und Übung erforderlich, die im Christentum anscheinend nicht mehr vorhanden sind. Im Osten, zum Beispiel im Hinduismus, ist dieses Wissen noch lebendig, und viele machen davon Gebrauch, um die Erleuchtung schneller zu erlangen. Das bedeutet, dass sie zugunsten ihrer spirituellen Entwicklung freiwillig auf ein Sexualleben verzichten. Dadurch wird der Weg zur Erleuchtung einfacher – sofern es der richtige Weg ist. Die östlichen Traditionen beschreiben diesen Weg sehr ausführlich.

Hilfe bei sexuellen Problemen

Hilfe auf der spirituellen Ebene setzt voraus, dass wir den freien Willen des Patienten respektieren. Was will der Patient? Wohin will er sich entwickeln?

Sexuelle Probleme werden niemals isoliert behandelt, und besserer Sex ist nicht das Ziel. Wir wollen vielmehr die Ursache der sexuellen Störung herausfinden, wie die folgenden Beispiele erläutern.

Nicolai leidet an einer Erektionsstörung. Ein kinesiologischer Test zeigt, dass Hass die Ursache des Problems ist. Das Ziel der Behandlung ist also der Abbau des Hasses. Dadurch, dass Nicolai keine Erektion bekommt, macht er eine Gemeinschaft unmöglich; er weist das Weibliche in seiner Partnerin auf einer fundamentalen Ebene zurück. Diese Äußerungsform des Hasses kommt bei vielen Männern mit Erektionsstörungen vor. Es kann auch sein, dass sie die Macht in ihrer Beziehung behalten wollen, wenn auch auf negative Weise. In beiden Fällen hat die Erektionsstörung keine körperliche, sondern eine mental-emotionale Ursache; sie ist eine Folge der erlebten Beziehung zur Frau.

Wenn die Hilfe sich auf das Symptom beschränkt, wird beispielsweise ein Medikament verordnet, das die Erektion fördert. Wäre Nicolai damit geholfen? Und was hätte seine Partnerin davon, wenn der Hass durch ein chemisches Mittel maskiert würde? Könnte das Mittel ihr Liebe schenken? Nein, wir müssen die Ursache des Problems behandeln.

Maria leidet an Vaginismus, das heißt, ihre Scheide verkrampft, so dass kein Geschlechtsverkehr möglich ist. Natürlich gibt es entspannende Übungen, die das Problem lindern können. Aber uns ist klar, dass die Verkrampfung ein wichtiges Körpersignal ist, das wir nicht ignorieren dürfen. Wir fragen uns, wie Maria über ihren Vaginismus hinauswachsen kann. Im Laufe der Beratung zeigt sich, dass sie insgesamt ein sehr verspannter, ängstlicher Mensch ist. Sie muss leben lernen, um herauszufinden, was sie will, und ihrem Leben dadurch eine Form zu geben. Während der folgenden Sitzungen helfen wir Maria Schritt für Schritt, mit ihrer inneren Welt Kontakt aufzunehmen. Diese Verbindung mit sich selbst erleichtert den Kontakt mit ihrem Mann.

Eine Symptombehandlung würde versuchen, den Geschlechtsverkehr durch eine Entspannung der Scheide zu ermöglichen. Würde der Sex in diesem Fall den Partnern wirklich helfen? Wäre er liebevoll und im positiven Sinne bedeutsam?

Spirituelle Hilfe bedeutet oft auch, Menschen bei der Erforschung ihrer sexuellen Werte und Normen zu unterstützen. Als Folge des Zeittrends und des Überangebotes an aufreizenden Bildern kommt es bei vielen Menschen

– ohne dass sie es merken – zu einem Wertewandel. Manche trauen sich nicht mehr, für ihre Wertvorstellungen einzutreten, weil diese von der Gesellschaft weniger akzeptiert werden. Hier muss der Therapeut dem Patienten helfen, nach innen zu gehen, seine Werte zu finden und dafür einzustehen. Auch dazu möchten wir einige Beispiele geben.

In manchen Gruppen ist sexuelle „Freiheit" normal. Die Mitglieder haben miteinander Sex, ohne sich zu lieben. Die Sexualität ist dann eher ein Spiel, das zum täglichen Leben gehört. Lisa lebte in einem solchen Milieu. Sie hatte mehrere sexuelle Beziehungen ohne Tiefgang. In der Beratung wird deutlich, dass sie sich dafür schämt. Sie spürt, dass sie eine tiefere Ebene in sich selbst nicht kennt. Diese Ebene erforschen wir in der Therapie.

Manuela erzählt, es habe sie gestört, im Massagekurs nackt zu sein. Sie habe dies aber für prüde gehalten und sich daher angepasst. Als sie ihre innere Wahrheit entdeckt, wird ihr klar, dass ihr Körper ihr heilig ist. Sie merkt, dass sie sich auch in anderen Situationen buchstäblich entblößt hat, zum Beispiel in der Sauna und am FKK-Strand. Nun beschließt sich, auf ihre innere Stimme zu hören.

Diese Beispiele sprechen ein Thema an, auf das wir im folgenden Abschnitt näher eingehen.

Die Rolle des Schamgefühls

Scham ist altmodisch. Wer sich schämt, nackt zu sein, hat ein Problem. Sich ausziehen ist „in". Welche Rolle spielt heute noch das Schamgefühl? Es ist für den Menschen von großem Wert, weil es die spirituelle Entwicklung fördert. Stellen wir uns vor, es gäbe kein Schamgefühl, und wir wären alle nackt. Dann würden wir uns noch stärker als heute am Körperlichen orientieren. Schon heute erleben wir eine sexuelle Explosion, die unter anderem durch den freien Zugang zu Verhütungsmitteln ermöglicht wurde. Was sind die Folgen? Der Mensch wendet sich immer stärker nach außen. Wenn Jungen und Mädchen heranreifen, wächst ihr Schamgefühl. Sie wollen auf keinen Fall, dass das andere Geschlecht sie nackt sieht. Gleichzeitig wird der Geschlechtstrieb unter dem Einfluss von Hormonen stärker. Es ist vorteilhaft, dass das natürliche Schamgefühl den jungen Menschen gerade in dieser Zeit hemmt. Das gibt ihm Zeit, Liebe und spirituelle Sexualität kennen zu lernen. Heutzutage gilt Scham als Prüderie. Auch deshalb ist die Sexualität ungehemmt, und die sexuellen Entgleisungen nehmen zu. Seien wir dankbar, wenn unsere Kinder sich schämen. Wir sollten ihr Schamgefühl respektieren und ihnen erklären, dass sie jetzt zu Männern und Frauen heranreifen, dieses Geheimnis aber noch im Herzen bewahren sollten. Später, wenn sie mit der Liebe ihres Lebens eins werden wollen, ist die Zeit gekommen, dieses Geheimnis zu lüften. So finden sie die wahre Liebe. Wenn Erwachsene aufgrund eines gesunden Schamgefühls nicht nackt sein wollen, brauchen sie sich ihrer Scham nicht zu schämen. Sie sollten das Schamgefühl als guten Freund willkommen heißen, der ihnen den Weg in eine Zeit weist, in der für Scham kein Platz mehr ist und die natürlichen Grenzen deshalb überschritten werden. Scham ist eine Wohltat für jeden, der auf der Suche nach sich selbst ist. Selbstverständlich reden wir hier vom natürlichen Schamgefühl, das der inneren Stimme in jedem Menschen folgt. Scham kann auch die Folge pädagogischer Fehler sein, zum Beispiel falscher Aufklärung über die erste Menstruation. Das ist unbedingt zu vermeiden.

13 Das Alter

Im Westen gilt die Jugend als bestes Lebensalter. Wir sind vital, unternehmungslustig, stark, attraktiv, intelligent … Das Alter gilt dagegen als Last. Wir können weniger unternehmen, der Verstand lässt nach, der Körper verfällt langsam. Wer will heute noch alt sein?

Der ältere Mensch kann dem jüngeren nicht mehr in jeder Form praktisch helfen. Sein Körper macht nicht mehr mit, und sein Wissen ist oft überholt. Heute entwickelt sich die Welt rasend schnell. Das trägt dazu bei, dass ältere Menschen nicht mehr als vollwertig gelten. Es ist aber sehr wichtig, zwischen technischem Wissen und menschlichen Qualitäten zu unterscheiden. Ein älterer Mensch hat ein langes Leben hinter sich. Er weiß, wie man lebt, denn er hat es erfahren. Dieses Wissen kann für Jüngere äußerst wertvoll sein.

Vom spirituellen Standpunkt aus betrachtet ist das Alter eine wundervolle Zeit. Endlich sind wir vom Arbeitsdruck befreit und brauchen kein Geld mehr zu verdienen. Die Sexualität lässt nach und drängt uns nicht mehr nach außen. Kurzum, wir haben viel Raum, um nach innen zu gehen. Diese Lebensphase sollten wir als goldenes Tor zu Gott ehren. Im hinduistischen Indien und im buddhistischen Tibet ist das Alter die Zeit, um „in den Wald zu gehen". Der alte Mensch zieht sich aus der Gesellschaft zurück. Manche leben als Einsiedler, um sich ganz ihrer Spiritualität widmen zu können. Das fünfzigste Lebensjahr gilt als günstiger Zeitpunkt für Ehepaare, um fortan wie Bruder und Schwester zu leben und sich intensiver mit geistigen Werten zu befassen. Dabei dürfen wir aber nicht vergessen, dass diese Menschen alles versuchen, um noch in *diesem* Leben erleuchtet zu werden oder zumindest für ein günstiges nächstes Leben zu sorgen.

Diese Idee spricht uns an. Dies ist die goldene Lebensphase für den Weg nach innen. Jeder Mensch ist dafür selbst verantwortlich, auch der ältere Mensch. Es ist wichtig, dass ältere Menschen zu ihrer Spiritualität stehen. Sie dürfen ihre eigene Form suchen, und die jüngeren haben nicht das Recht, ihnen etwas aufzudrängen. Der junge Mensch ist kein alter Mensch, der alte ist kein junger. Alle sind in ihrer eigenen Lebensphase und haben daher auch ihre eigenen Aufgaben. Angehörige, Freunde und professionelle Helfer sollten die Entwicklung des älteren Menschen fördern. Wie können wir ihn unterstützen? Das ist eine vernünftige und wichtige Frage für alle, die mit Älteren umgehen.

In diesem Rahmen können wir auch untersuchen, ob es sinnvoll ist, ältere Menschen ständig zum „Mitmachen" aufzufordern. Wir wollen, dass sie einen Computerkurs belegen, damit sie E-Mails versenden und vielleicht sogar chatten können. Wir wollen, dass sie verfolgen, was auf der Welt geschieht, und darüber nachdenken. Die alten Menschen sollen wach und mitten im Leben bleiben und den aktiven jungen Menschen möglichst ähnlich sein. Aber wollen alte Menschen das wirklich? Wenn sie lieber nach innen gehen und still werden, wird es ihnen heutzutage gestattet? Dürfen alte Menschen von einem Leben Abschied nehmen, in dem man ständig beschäftigt ist und immer ein Ziel hat? Sollten wir uns nicht lieber auf den Wert des Alters besinnen? Worum geht es in dieser Lebensphase? Das ist die entscheidende Frage. Was gibt dem Leben des alten Menschen einen Sinn? Er will bestimmt nicht unter Dauerstress stehen; das kann er gar nicht mehr, und sein Körper zeigt es ihm klar und deutlich. Wenn der Körper still wird, ist es dann nicht höchste Zeit, uns auf die Reise in die andere Welt vorzubereiten? Das ist eine sehr sinnvolle, bedeutsame Aufgabe, die wir jedem alten Menschen von Herzen gönnen sollten.

Das Alter ist eine Zeit, um das Leben abzurunden. Wir müssen nicht nur vom Körper Abschied nehmen, sondern alles loslassen, an dem wir hängen – denn alles, was wir nicht loslassen, prägt unsere nächste Inkarnation, und von allem, was wir loslassen, sind wir befreit. Wahres Loslassen, darum geht es. Nicht um Verdrängen oder Nichtwissen, denn das wirkt im nächsten Leben wie ein Magnet. Wir müssen die Augen öffnen, Verbindung aufnehmen, uns verabschieden und loslassen. Das ist das Ziel des Alters. So räumen wir in diesem Leben auf, ehe wir weitergehen.

Beim Übergang helfen

Unter Übergang verstehen wir den Rückzug der Seele aus der materiellen Dimension. Während wir den Körper loslassen, wird die Seele in einer anderen Welt geboren. Der Leib stirbt, die Seele lebt auf einer anderen Ebene weiter. Über die Begleitung beim Übergang gibt es viel zu sagen.

Beginnen wir mit einem Blick auf die Seele und die Welt, in der sie lebt, wenn sie nicht an einen Körper gebunden ist. Das ist wichtig, weil es uns eine effektive Hilfe ermöglicht.

Die Seele ist psychoplastisch

Die Welt, in der die Seele wohnt, wird von ihren eigenen Gedanken geschaffen. Wir können uns das nur schwer vorstellen, denn wir leben in einer Welt, die sich nur langsam verändert, denn jeder Wandel setzt Arbeit voraus. In der Welt der Seelen wird die Arbeit von inneren Bildern übernommen. Wenn ein Mensch stirbt, der daran glaubt, dass ihn eine gute Welt erwartet, kommt er in eine gute Welt. Wenn er sich in seinem Kern mit dem Göttlichen verbindet, dann findet er es.

Lebt und stirbt ein Mensch im Glauben, nach dem Tod sei alles aus,[4] findet er sich in einer Art Vakuum wieder. Er ist nicht mehr auf der Welt der Menschen, hat aber auch keinen Kontakt mit den Seelen in der Astralwelt. Seiner Meinung nach existiert ja nichts mehr – und so sieht dann auch die „Welt" aus, in die er nach seinem Tod gelangt.

Hilfe von der anderen Seite

Wenn es für die Seele Zeit ist, sich vom Körper zu lösen, wird sie immer von der Welt der Engel aus betreut. Die Engel begleiten sie auf ihrem Weg in die Astralwelt, so dass ihr der Übergang leicht fällt. Sterbende erklären oft, sie sähen ein Licht, das ihnen Sicherheit, Liebe und Trost vermittelt. Bei manchen geschieht dies schon Monate vor dem eigentlichen Übergang, bei anderen in den letzten Tagen oder gar Minuten. Dann bricht plötzlich die Sonne durch, und selbst die größte Wut auf das Sterben schmilzt. Das verrät auch das Gesicht des Sterbenden.

Hilfe ist also immer vorhanden. Aber lässt der Sterbende sie zu? Das hängt ganz von seinem Leben ab. Welche Einstellung hat er zum Leben nach dem Tod? Wenn er davon überzeugt ist, dass nach dem Tod nichts mehr existiert, kann er die Ebene der Engel nur sehr schwer wahrnehmen. Manche Menschen haften so sehr am irdischen Leben, dass sie nicht sterben wollen. Auch dann kann der Übergang schwer sein, denn die Helfer aus der anderen Welt sind dann unsichtbar. Stirbt ein Mensch durch ein Unglück, wird die Seele ganz plötzlich aus dem Leib geschleudert, und es fällt ihr schwer, dieses Erlebnis zu verarbeiten. Oft folgt ihm eine Phase des Unglaubens, und die Seele bleibt noch tagelang beim toten Körper oder lebt auf unserer Welt weiter, als sei nichts geschehen. Diese Seele braucht Hilfe, und die Engel tun ihr Bestes, um sie zu erreichen. Das gelingt jedoch nicht, wenn die Seele sich hartnäckig ans Leben klammert und nicht weiß, dass ihr Leib gestorben ist.

Darum ist es für die Seele sehr wichtig, dass sie beim Übergang unterstützt wird. Wenn sie die Helfer nicht wahrnimmt, beharrt sie womöglich darauf, dass es keine Astralwelt gibt. Solche Seelen irren manchmal umher. Spukgeschichten sind im Wesentlichen nichts anderes als Erlebnisse mit heimatlosen Seelen. Diese Seelen versuchen oft, mit Menschen Kontakt aufzunehmen, zumindest nach einiger Zeit.

Der Übergang – ein entscheidender Augenblick in der Entwicklung des Menschen

Der tibetische Buddhismus und der Hinduismus lehren, dass der Gedanke, den wir im Augenblick des Sterbens haben, darüber entscheidet, wohin wir nach dem Tod gelangen. Der Augenblick des Todes ist deshalb sehr wichtig für unsere Entwicklung und für den Weg, den wir nach dem Tod gehen. Der Tod bietet uns die Möglichkeit, den Kreislauf der Wiedergeburten zu durchbrechen. Wir brauchen dann kein neues Leben auf Erden mehr, um uns weiter zu entwickeln; denn wir sind im Göttlichen aufgegangen. Dafür müssen wir uns aber im Augenblick des Todes ganz auf Gott konzentrieren. Das lässt sich durch tägliches Üben erreichen. Dadurch lernen wir, mit dem Göttlichen in uns Verbindung aufzunehmen, und wenn wir das regelmäßig tun, wird es zur Gewohnheit. Da sich im Moment des Sterbens häufig vertraute Gedanken einstellen, können wir dank der Macht der Gewohnheit im Göttlichen aufgehen.

Vorbereitungen auf den Übergang

In der tibetischen Kultur dauert die Vorbereitung auf den Tod sehr lang. Man könnte sogar sagen, das ganze Leben gilt als Chance, dem Zyklus der Reinkarnationen zu entfliehen. Darum ist der Weg zu diesem wichtigsten Augenblick so lang. Im Westen wird der Tod verdrängt, und die Folge ist, dass wir uns von vielen materiellen Dingen nicht lösen. Aber alles, woran wir haften, fesselt uns an das Leben und somit an den Kreislauf der Wiedergeburten. Vor dem Tod sollten wir uns von allem lösen. Dazu gehört auch, dass wir finanzielle Angelegenheiten und die Verteilung unseres Besitzes regeln. Auf diese Weise befreien wir uns von einer Last. Vielleicht müssen wir noch mit einigen Menschen reden oder solche Gespräche im Geist führen. Alles, was das Sterben selbst betrifft, lässt sich ebenfalls regeln. Das geht aber nicht in den letzten Tagen vom Krankenbett aus. Darum ist es so wichtig, rechtzeitig damit zu beginnen. Wenn Ärzte und Pflegende wissen, dass es dem Ende zugeht, müssen sie den Patienten unterrichten, damit er, wenn er will, sein Leben nach seinen Vorstellungen abrunden kann.

Das Sterben

Was nützt uns eine Technik, die Menschen zum Mond schicken kann, wenn wir unseren Mitmenschen nicht einmal helfen können, würdevoll und hoffnungsvoll zu sterben?
Sogyal Rinpoche

Manchmal kommt der Tod unerwartet, oft aber kündigt er sich lange vorher an, und der Sterbende muss einen langen Weg gehen, ehe er den letzten Atemzug tut. Während dieser Tage, Wochen oder Monate macht der Sterbende eine tief greifende Entwicklung durch. Der Augenblick des Übergangs ist natürlich am wichtigsten. Da der letzte Gedanke für den Start in der Astralwelt so wichtig ist, streben wir nach einem friedlichen letzten Moment. In der letzten Lebensphase werden viele Erinnerungen wach, oft auch Ängste und andere starke Emotionen. Das Sterben löst ebenfalls häufig Angst aus, vor allem wenn das notwendige Wissen fehlt und die Vorbereitung unzureichend ist. Wenn wir dem Sterbenden Gelegenheit geben, sich zu äußern, ist eine innere Reinigung möglich, die zu innerer Ruhe führt. Dabei darf der Sterbende nicht gestört werden. Wir bleiben neutral; wir urteilen nicht über seine Emotionen und Gedanken und fordern sie erst recht nicht heraus. Wenn sich die Ruhe einstellt, begrüßen wir sie. Bedingungslose Liebe ist die richtige Einstellung. Für den Sterbenden ist sie ein Segen, und sie ermöglicht es ihm, sich im Sterben geborgen zu fühlen.

Im Sterben lässt der Mensch auch seine Angehörigen los. Das ist notwendig, damit er sich auf den Weg in die neue Welt machen kann. Die Angehörigen haben die Pflicht, den Sterbenden loszulassen, damit er gehen kann. Natürlich dürfen wir für ihn Liebe empfinden; aber wir dürfen nicht so von ihm abhängig sein, dass wir uns nicht von ihm trennen können. Solche Gefühle fesseln den Sterbenden an die irdische Ebene. Das Gleiche gilt für starke Emotionen bei Menschen, die mit dem Sterbenden verbunden sind. Darum ist es sinnvoll, mit dem Prozess des Abschiednehmens rechtzeitig zu beginnen und ihn nicht aufzuschieben. Dann sind wir im Augenblick des Sterbens imstande, die Trennung zu akzeptieren, selbst wenn sie wehtut. So kommt der Sterbende weiter.

Menschen im Koma können hellsichtig wahrnehmen, was in ihrer Umgebung geschieht. Sie wissen, was die Anwesenden sagen, fühlen und denken. Diese Wahrnehmung geschieht auf einer Ebene, die viel subtiler ist als die sinnliche. Was empfindet wohl ein Sterbender im Koma, wenn seine Familie sich vor seinem Bett um die Erbschaft streitet oder abfällige Bemerkungen über ihn macht? Man kann sich vorstellen, dass dies einen ruhigen, friedlichen und liebevollen Übergang in die andere Welt nicht begünstigt. Darum ist reines Denken, Fühlen und Handeln auch vor einem Menschen im Koma sehr wichtig. Wir müssen uns dessen bewusst sein, dass dieser Mensch uns in die Seele schauen kann.

Sterben heißt loslassen. Die Medizin verlängert diesen Prozess bisweilen unnötig. Das kann für Sterbende sehr hinderlich sein, denn sie brauchen Ruhe und Stille. Medizinische Maßnahmen sollten in der letzten Phase des Sterbens auf ein absolutes Minimum beschränkt werden. Es geht ja nun nicht mehr um die Pflege eines Körpers, sondern um die Geburt in der neuen Welt. Sterben ist nichts anderes als ein Geburtsvorgang. Gehen wir behutsam damit um!

Es ist sehr nützlich, beim Sterben an höhere Ebenen zu denken, am besten innerhalb eines Rahmens, der dem Sterbenden vertraut ist. Wenn wir ihm einen anderen Rahmen anbieten, wird er unruhig, und das wollen wir gewiss nicht. Manche Traditionen verfügen über umfangreiche Prozeduren, um Sterbenden zu helfen. Wenn ein Sterbender mit einer solchen Tradition verbunden ist, können Geistliche, Angehörige und Freunde für ihn eine große Hilfe sein.

Es gibt aber auch eine wichtige allgemeine Methode, um Sterbende auf die höhere Sphäre einzustimmen. Wir wenden uns nach innen und konzentrieren uns auf die unsere innere, göttliche Quelle. Gleichzeitig verweilen wir in Gedanken beim Sterbenden, und zwar bei seinem höheren Selbst. Wir wissen, dass der Sterbende ebenfalls einen göttlichen Kern hat, und dadurch helfen wir ihm, sich an diesen Kern zu erinnern. Worte sind dafür nicht erforderlich. Wir brauchen uns nur auf das Göttliche in uns und im Sterbenden zu konzentrieren.

Wer sich gründlich auf seinen Tod vorbereiten will, kann sich auf uraltes Wissen stützen. Das *Tibetische Buch vom Leben und Sterben,* von Sogyal Rimpoche, macht das Wissen der Tibeter auch den Menschen des Westens zugänglich. Es ist sehr zu empfehlen.

Menschen, die täglich mit Sterbenden arbeiten, brauchen ihrerseits Unterstützung. Sie sollten zumindest imstande sein, Sterbende liebevoll und aufmerksam zu begleiten. Es ist auch äußerst wichtig, dass Pflegende sich Wissen über das Sterben und notwendige Fertigkeiten aneignen. Jeder kann dabei auf seine Weise vorgehen. Die Ausbildung sollte im Rahmen der Einrichtung stattfinden. Zeit und Geld müssen hierfür beschafft werden. Dies ist ein wesentlicher Teil der Sorge für unsere Mitmenschen, die wir nicht vernachlässigen dürfen.

Die Familie

Darüber hinaus ist es äußerst wichtig, die Familie in den Sterbeprozess einzubeziehen. Oft beschränken sich Angehörige darauf, mit dem Sterbenden zu besprechen, was mit dem Leichnam geschehen soll. Das ist zwar sinnvoll, aber bestimmt nicht genug. Auch die Angehörigen müssen sich dessen bewusst sein, dass der Sterbende nach dem Tod weiterlebt. In der heutigen Zeit herrscht hier enorme Unwissenheit. Wahres Wissen kann eine große Hilfe sein. Wir müssen begreifen, dass die Aufgabe dieses Menschen im Leben beendet ist und er nun in einer anderen Dimension eine neue Aufgabe zu erfüllen hat. Dabei dürfen wir ihm helfen. Eine sehr wertvolle Hilfe ist die Begegnung zwischen ihm und seinen Angehörigen in deren großem Herzen. Dadurch erheben sie sich über ihren Schmerz, ihre Angst und ihren Kummer. Sie begegnen ihm in seinem großen Herzen. Dafür verbinden sie sich mit dem tiefsten Teil seines Herzens. Manchmal brauchen sie dabei Unterstützung, weil der Körper des Sterbenden sie hemmt. Sie sehen den verfallenden Leib und können sich die Schönheit des Herzens nicht mehr vorstellen. Diesen Menschen müssen wir erklären, dass das große Herz weder krank wird noch stirbt. Es ist das Wissen der Seele um die Liebe, und in dieser Liebe können wir einander begegnen.

Selbst wenn der Sterbeprozess lange dauert, ist es sehr hilfreich, wenn Mann und Frau, Kind und Elternteil sich auf der höheren Ebene begegnen. Das ist auch möglich, wenn sie nicht im selben Raum sind. Während der Sterbende im Krankenhaus liegt, kann der zu Hause wartende Partner sich in Liebe mit ihm verbinden. *Diese Liebe findet ihr Ziel immer.* Sie ist für den Sterbenden ein großer Segen und für den Hinterbliebenen ein Geschenk.

Kleine Kinder sollten ebenfalls einbezogen werden. Wir helfen ihnen am besten, wenn wir sie zu uns rufen, während wir uns im großen Herzen mit dem Sterbenden verbinden. Kleine Kinder übernehmen das Verhalten des Erwachsenen ohne Worte. Ist der Erwachsene verzweifelt, wird auch das Kind verzweifelt. Ist der Erwachsene in seinem großen Herzen mit dem Sterbenden verbunden, nimmt das Kind in seinem großen Herzen ebenfalls Kontakt mit dem sterbenden Elternteil auf. Es ist wichtig, dies regelmäßig zu tun, mindestens einmal am Tag, wenn dazu Gelegenheit besteht. So lernt das Kind, in einer bedrückenden Situation nicht zu verzweifeln, sondern zu lieben. Es fürchtet sich nicht vor dem Tod, weil es sich über den Tod erhebt, wenn es diese Liebe erfährt. Dadurch wird das Sterben für das Kind ein Lichterlebnis – *und genau das ist es ja.*

Blütenessenzen

Blütenessenzen können für Sterbende eine große Hilfe sein. Sie helfen ihnen, den Tod anzunehmen und sich für die Welt des Lichts zu öffnen, die auf sie wartet. Das erleichtert auch den Engeln ihre Arbeit. Blütenessenzen helfen außerdem allen, die in den Sterbeprozess einbezogen sind: Eltern, Partnern, Kindern und guten Freunden.

Blütenessenzen werden meist eingenommen. Eine Standarddosis sind zwei bis vier Tropfen dreimal am Tag. Man kann auch ein paar Tropfen in das Wasser eines Verdunsters träufeln. Wenn man dann die Kerze anzündet, verdampft die Essenz im Raum. Alle im Raum Anwesenden kommen dann mit der feinstofflichen Botschaft der Essenz in Kontakt, sofern sie es wollen. Der Wille ist frei.

Welche Blütenessenzen sind geeignet? Das sollte man individuell testen. Wenn das nicht geht, kann man sich an den Beschreibungen der Essenzen orientieren. Im Literaturverzeichnis finden Sie einige Bücher, die darüber Auskunft geben. Drei Blütenessenzen möchten wir hier vorstellen:

Angel's Trumpet (Engelsposaune, *Datura candida*) ist eine kalifornische Blütenessenz, die den Übergang erleichtert. Sie hilft der Seele zu erkennen, dass das Sterben ein freudvoller Übergang in eine andere Dimension ist, und sie öffnet die Seele für die Lichtwesen von der anderen Seite. Akzeptanz ist das Schlüsselwort.

Angelica archangelica (Echte Engelwurz) ist ebenfalls eine kalifornische Essenz. Ihr lateinischer Name bedeutet „Erzengel". Es ist daher keine Überraschung, dass diese Pflanze uns für die Sphäre der Engel öffnen kann. Das ist beim Sterben wertvoll, weil Engel die Seele in die Astralwelt begleiten.

Auch *Chrysanthemum morifolium* (Gartenchrysantheme) kommt aus Kalifornien. Sie macht uns bewusst, dass wir mehr sind als materielle Wesen in einer materiellen Welt. Sie öffnet uns für die spirituelle Dimension in uns selbst. So kann sie uns helfen, das Leben loszulassen, weil wir wissen, dass wir mehr sind als ein physischer Leib. Darum legen viele Menschen an Allerheiligen Chrysanthemen auf das Grab ihrer lieben Verstorbenen. Diese Blumen helfen ihnen, sich ihrer spirituellen Dimension bewusst zu werden. Das ist ein großer Trost, wenn man von einem Angehörigen Abschied genommen hat.

TEIL 3

SPIRITUELLE HILFE

In diesem Teil besprechen wir einige Aspekte der praktischen Arbeit in den Einrichtungen des Gesundheitswesens. Es wendet sich an alle Berufstätigen, die andere betreuen und ihnen auch spirituell helfen wollen.

Aber auch Menschen, die sich selbst, ihrem Partner, einem Kind oder einem Freund helfen wollen, kann dieser Teil nützlich sein. Wer helfen will, muss über Veränderungsprozesse Bescheid wissen. Wir beginnen mit dem wichtigsten Teil der menschlichen Entwicklung, der den Kern der Spiritualität in sich birgt: dem Wachstum des Herzens hin zu Gott.

14 Das Wachstum des Herzens

Die wichtigste Aufgabe des Menschen besteht darin, Gott zu finden. Eine Geschichte erzählt, Gott habe sich nach der Schöpfung des Menschen überlegt, wo er sich verbergen solle. Wenn der Mensch ihn sofort fände, wäre seine Entwicklung viel zu kurz. Nein, er musste sich gut verstecken. Doch einerlei, wo er sich versteckte, der Mensch fand ihn schnell. Eines Tages aber versteckte er sich im Herzen des Menschen, und die meisten Menschen haben ihn dort noch immer nicht gefunden.

Kennen Sie das Herz des Menschen, der Gott gefunden hat? Es ist groß, so groß dass die ganze Welt hinein passt: alle Menschen, alle Bäume, Blumen und Tiere, auch die Sterne, die Sonne und der Mond. Das Herz des Menschen ist unermesslich groß – sofern er Gott gefunden hat.

Es ist nicht einfach, Gott in unserem Herzen zu finden. Das liegt daran, dass unser Leben oft hart ist. Manchmal sehr hart. Dann verstecken wir uns vor unserer Liebe und erkennen die Liebe in unserem Herzen nicht. Wir leben in einem kleinen, dumpfen Raum: im emotionalen Herzen. Dieses Herz kennen wir aus dem täglichen Leben. Wenn wir uns geliebt fühlen, ist dieses Herz froh, aber wenn wir die Liebe verlieren, ziehen wir uns zurück und empfinden keine Liebe mehr. Wir werden wütend oder eifersüchtig und balancieren auf dem schmalen Balken des emotionalen Herzens. In diesem Augenblick sind wir glücklich, einen Moment später unglücklich. Heute lachen wir, morgen weinen wir.

Wenn wir Gott in unserem Herzen finden wollen, müssen wir über das kleine emotionale Herz hinausgehen und das große spirituelle Herz erreichen. Das kleine Herz kennt die menschliche Liebe, das große Herz die göttliche. Das kleine Herz ist unzuverlässig, das große liebt bedingungslos. Wer in seinem spirituellen Herzen ruht, fühlt sich in ewiger Liebe geborgen.

Auch in der Therapie müssen wir zwischen den beiden Herzen unterscheiden, damit sie zu einer spirituellen Therapie wird. Wer wirklich lieben will, muss das kleine Herz hinter sich lassen und zum großen Herz reisen. Das große Herz ist eine Quelle der Kraft im Leben. Es ist immer da, immer verfügbar – aber manchmal gehen wir an ihm vorbei und sehen es nicht, als befänden wir uns in einer anderen Dimension. Diese andere Dimension ist das kleine Herz, das außerstande ist, das große Herz zu erfahren, weil es seinem Wesen nach anders ist. Das große Herz schlägt auf einer viel höheren Ebene, und seine Wahrheit ist viel tiefer.

Die Eigenschaften des großen Herzens

Das große Herz hat wundervolle Eigenschaften, von denen wir hier nur einige beschreiben können.

Geborgenheit

Der Mensch, dessen großes Herz offen ist, fühlt sich geborgen. Er ist sich ständig der größeren Kraft bewusst, die für ihn sorgt, und er weiß, dass alles, was geschieht, gut ist. Darum fühlt er sich sicher.

Ausstrahlung

Wenn das große Herz offen ist, strahlt der Mensch. Die große Liebe, zu der wir jetzt Zugang haben, strahlt durch ihn. Ein solcher Mensch ist auf der Erde außergewöhnlich wertvoll, denn er zeigt uns das besondere Potenzial, das nur Menschen besitzen: das Persönliche zu überwinden und das Göttliche zu erreichen. Wer einem solchen Menschen begegnet, wünscht sich spontan, diese besonderen Eigenschaften ebenfalls zu erwerben. Strahlende Menschen machen uns wach für den Frieden und die Liebe.

Selbstlosigkeit

Eine weitere schöne Eigenschaft des großen Herzens ist Selbstlosigkeit. Der Mensch ist in sich erfüllt und strebt nicht mehr danach, erfüllt zu werden. Er gibt anderen uneigennützig, aus innerem Glücksgefühl, und dadurch wird sein Glück noch größer.

Ganz anders ist es bei Menschen, deren Leben vom kleinen Herzen bestimmt wird. Sie wollen etwas zurückbekommen, wenn sie geben. Das Geben kostet Mühe und ist nicht spontan. Sie fürchten, ärmer zu werden, wenn sie geben.

Patrizia ist eine Frau, die sich von ihrem großen Herzen leiten lässt. Sie überlegt ständig, wie sie ihre Kinder glücklich machen kann. Sie kocht, was die Kinder gerne essen und was für sie gesund ist. Dass dies viel Mühe kostet, findet sie selbstverständlich. Wenn sie Kleider für die Kinder kauft, sucht sie solange, bis die Kinder froh über ihre Wahl sind. Das tut sie ganz spontan.

Miriam wird von ihrem kleinen Herzen bestimmt. Sie hat immer das Gefühl, dass sie zu kurz kommt. Es fällt ihr schwer, anderen etwas zu geben. Ihre Pflichten als Mutter kosten sie viel Energie. Sie findet, dass ihre Kinder sie „auffressen".

Dienst am Nächsten
Das große Herz will, dass wir unseren Mitmenschen dienen. Das offenbart eine weitere Eigenschaft des großen Herzens: Bescheidenheit.

Weisheit
Wie bereits erwähnt, hängt das Maß der Wahrheit vom Maß der darin enthaltenen Liebe ab. Das große Herz empfindet große Liebe und spricht daher auch große Wahrheiten aus. Es ist weise.

Mitgefühl
Wenn das große Herz sieht, dass andere leiden, empfindet es tiefes Mitgefühl. Es nimmt das Leid des anderen wahr und empfindet Liebe für ihn. Mitgefühl urteilt nicht. Es akzeptiert, was in diesem Augenblick ist. Es sucht auch nicht nach Ursachen oder „Schuldigen", sondern sagt: „Ich gebe dir Liebe mit auf den Weg."

Emotionslosigkeit
Wer im großen Herzen lebt, kann die Emotionen des kleinen Herzens bisweilen ausdrücken, ohne sie zu spüren. Er bringt den Schmerz nach außen, ohne sich ganz damit zu identifizieren. Das große Herz projiziert keine Emotionen nach außen, weil es nach innen gewandt ist. Daraus erwächst strahlende Liebe, die nach außen fließt. Wir können das mit einer brennenden Lampe vergleichen. Das Licht der Lampe (die Emotion) strahlt nicht deshalb nach außen, weil die Lampe es nicht vertragen kann und daher loswerden will. Die Lampe verbreitet Licht, weil dies ihre Aufgabe ist. Auch das große Herz strahlt nach außen, weil es dafür bestimmt ist.

Wege ins große Herz

Wie erreichen wir unser großes Herz? Der Mut, tiefe Gefühle zu geben, ist die wichtigste Voraussetzung dafür. Vergessen wir nicht, dass das große Herz in uns ist und darauf wartet, dass wir es finden. Wir fühlen, indem wir konzentriert nach innen gehen. Zuerst müssen wir allerdings im Herzgebiet atmen (wir erklären in Kapitel 16, wie man atmet, um tief zu fühlen). Danach verweilen wir ruhig im Bereich des Herzens. Wenn wir dort Unruhe – zum Beispiel Emotionen – spüren, müssen wir uns von ihnen lösen, denn sie kommen aus dem kleinen Herzen. Solange wir unruhig sind, können wir das große Herz nicht erreichen. Wir müssen an der Unruhe vorbei zur Wahrheit der Liebe gehen.

Die christlichen und die östlichen Traditionen fordern uns auf, Gutes für unsere Mitmenschen zu tun. Das ist sehr wichtig für die Entwicklung des großen Herzens. Es hilft uns, die eigenen Grenzen zu überwinden und nicht nur an uns zu denken. Das können wir Kindern schon recht früh beibringen. Wir können sie bitten, uns zu helfen und ihre Sachen mit anderen zu teilen, zum Beispiel Spielzeug und Süßigkeiten. So beginnen die Kleinen, ihr großes Herz zu öffnen. Der Osten lehrt uns die dazugehörige richtige Einstellung: Gib, um zu geben, nicht um etwas zu bekommen. Das Geben ist ein Ziel an sich. Dafür gibt es zwei Gründe. Wenn das Geben ein Ziel hat, ist es kleinlich, und wir erreichen unser großes Herz nicht. Und wenn wir geben, um zu geben, sind wir von den Folgen unseres Handelns befreit.

Das Geben, das unseren eigenen Interessen dient, können wir „kleines Geben" nennen. Das bedingungslose Geben ist dann das „große Geben". Analog können wir von „kleinem Handeln" und „großem Handeln" sprechen. Das kleine Handeln öffnet das kleine Herz, das große Handeln öffnet das große Herz. Das kleine Handeln ist ängstlich. Das kleine Geben achtet genau darauf, ob es belohnt wird. Es hat etwas Verkrampftes, Beschränktes an sich. Das kleine Handeln und das kleine Geben wollen alles im Griff haben. Hingabe fällt daher schwer: Wir „fließen" nicht. Das kleine Handeln orientiert sich vor allem an den eigenen Interessen; der Nächste und das Ganze sind zweitrangig.

Wer groß handelt, der handelt aus Liebe. Wir spüren dann so viel Liebe, dass wir alle daran beteiligen wollen. Wir sind mit dem endlosen Strom der Liebe verbunden und wollen allen anderen dienen. Wir strahlen Liebe aus, die uns und andere einschließt. Wir wollen nicht belohnt werden, denn wir leben bereits im Überfluss und haben keine weiteren Wünsche. An diesem Überfluss wollen wir andere teilhaben lassen.

Auf dem Weg zum großen Herzen stößt jeder auf Hindernisse. Es ist wichtig, dass wir sie erkennen und beiseite räumen. Das ist nicht immer einfach. Darum kann es nützlich sein, Hilfe zu suchen, etwa bei einem guten Freund oder einem professionellen Berater, der etwas von unseren Problemen versteht. Das große Herz fällt nicht ins Fachgebiet der Schulmedizin! Manche Therapeuten haben selbst intensiv daran gearbeitet, ihr Herz zu öffnen, und sind daher in der Lage, anderen dabei zu helfen. Die Kinesiologie ist eine der Methoden, mit denen man sehr gut an der Entwicklung des Herzens arbeiten kann, sofern der Therapeut über das große Herz und den Weg zu ihm Bescheid weiß.

15 Dein Wille geschehe

Der Kern unserer Seele ist göttlich. Die individuelle Seele ist also göttlich und insofern dem allgegenwärtigen Göttlichen gleich. Wer anderen auch spirituell helfen will, sollte von seiner göttlichen Quelle ausgehen. „Dein Wille geschehe" – nicht ich tue es, sondern das Göttliche in mir, mein absoluter Kern. Nicht ich bin der Helfer, sondern das Göttliche in mir. Wenn wir uns dieser Wahrheit öffnen, können wir auf einer anderen Ebene helfen als das kleine Ich. Die Möglichkeiten zu helfen werden dann größer, tiefer, schöner, heiliger, wahrer. Unser göttlicher Kern enthält alle Lösungen; er weiß, wie wir helfen müssen. Wenn wir ihn wirken lassen, offenbart er sich in unserem Tun. Das Licht wirkt durch uns und manifestiert sich in allen unseren Handlungen. Gott bekommt dann Hände und Füße auf der Erde.

Aber das ist nicht alles. Auch auf der unsichtbaren Ebne der kosmischen Wirklichkeit werden viele Räder in Gang gesetzt, sobald wir dem Göttlichen dienen. Das erfordert Hingabe. Wir vertrauen darauf, dass das Göttlich die richtige Hilfe leisten kann, und wir bitten es, genau das zu tun. Wir konzentrieren uns auf das Problem und legen es dem Göttlichen vor, voller Vertrauen darauf, dass genau das geschehen wird, was innerhalb des großen Ganzen richtig ist. Dann sind wir selbst eine der vielen Möglichkeiten, die das Göttliche hat, um der Hilfe Form zu geben.

Diese Haltung ist die Grundhaltung in der spirituellen Therapie. Wenn wir uns dem Göttlichen hingeben und in diesem Geist arbeiten, ist dies das Fundament unseres therapeutischen Handelns.

Probleme dem Göttlichen übergeben

Eine besondere Art der Hilfe besteht darin, dass wir ein Problem dem Göttlichen übergeben *und es dort lassen*. Dazu ein Beispiel:

Die vierzehnjährige Petra hat ein Problem, das sie nicht lösen kann. Sie bittet um Hilfe. Wir wenden uns an das Göttliche in uns und legen ihm Petras Bitte um Hilfe vor.

Die Kraft unserer Hilfe liegt in der Tiefe des Kontakts mit unserem göttlichen Kern. Natürlich müssen wir wirklich darauf vertrauen, dass aus diesem Kern das Richtige erwächst.

16 Die Atmung

Wer sich selbst finden will, muss auf seine Atmung achten. Ein Therapeut, der Menschen auf dem Weg zu ihrem Herz begleitet, kommt also um dieses Thema nicht herum. Wenn keine freie Atmung möglich ist, dann ist auch der Weg nach innen verschlossen, es sei denn, wir wenden sehr schwierige Yogatechniken an, die nichts mit der normalen Entwicklung zu tun haben, über die wir hier schreiben. Wo wir atmen, fließt Energie, wo wir atmen, sind wir anwesend, und wo wir anwesend sind, fühlen wir. Das Fühlen ist der Weg nach innen, denn ohne Fühlen können wir die Lektionen des Lebens nicht intensiv genug lernen.

Nehmen wir vorweg, dass die Behauptung „Wo wir atmen, fühlen wir" nicht gilt. Es ist nämlich möglich, Gefühle zu verschließen und trotzdem richtig zu atmen. Aber meist ist es umgekehrt: Wir atmen unzureichend, weil wir Gefühle vermeiden wollen. Atmen lernen ist dann der befreiende Weg nach innen.

Der Atem schenkt uns Leben. Wer nicht fühlen will, schränkt seine Atmung ein. Er atmet zwar ausreichend, um den materiellen Körper zu erhalten, hört aber (teilweise) auf, fühlend zu leben. Wir wollen zuerst untersuchen, welche Wirkung die Atmung hat, denn nur dann können wir die Atmung anderer beurteilen.

Die Anatomie der Atmung

Beim Einatmen strömt Luft in die Lungen. Die Lungen sind zwei Beutel im Brustkorb. Wie füllen sie sich mit Luft? Einen leeren Ballon blasen wir auf, und beim Menschen ist es genauso, wenn man ihn künstlich beatmet. Normalerweise füllen sich die Lungen aber, weil der sie umgebende Raum sich ausdehnt. Dadurch entsteht ein Vakuum in den Lungen, das sich füllen muss. Ausdehnen kann sich sowohl die Bauchhöhle als auch der Brustkorb.

Die Bauchatmung

Der Rumpf ist ein großer Sack, der aus zwei Teilen besteht: aus dem Brustkorb und aus der Bauchhöhle. Das Zwerchfell trennt die beiden Teile. Es ist ein starker, kuppelförmiger Muskel. Wenn das Zwerchfell sich zusammenzieht, wird es flacher. Dadurch entsteht im Brustkorb ein Vakuum, das die Lungen sofort füllen. Dabei dehnen sie sich aus und drücken die Bauchorgane nach unten, so dass ihnen nur ein Ausweg bleibt: nach vorne. Also dehnt der Bauch sich bei der Bauchatmung aus, wenn wir einatmen.

Beim Ausatmen geschieht genau das Gegenteil. Das Zweckfell wölbt sich, die Lungen werden unten leergepresst. Unter dem Zwerchfell entsteht in der Bauchhöhle Raum, den die Organe füllen, die beim Einatmen nach vorne geschoben wurden. Die meisten Menschen glauben, bei der Bauchatmung werde „mit dem Bauch“ geatmet, denn die Bewegungen des Bauches sind ja deutlich zu sehen. In Wirklichkeit beginnt die Bauchatmung im Zwerchfell.

Wenn wir im Bauch nichts fühlen wollen, können wir das erreichen, indem wir im Bauch atmen. Allerdings ist die Bauchhöhle groß, und manche Menschen können in ihrem obersten Teil atmen. Andere können bis zum Nabel atmen. Eine tiefe Bauchatmung reicht jedoch bis zum Schambein, und selbst der Damm atmet mit.

Die Brustatmung

Bei der Brustatmung dehnt der Brustkorb sich aus. Dadurch entsteht Raum, der mit Luft gefüllt wird, die in die Lungen strömt. Am wichtigsten ist die Dehnung des Brustkorbs nach vorne. Die Schultern ermöglichen eine andere Art der Brustatmung: Wenn wir sie hochziehen, ziehen sie den oberen Teil der Lungen mit. Auch dabei entsteht Raum, in den Luft strömt.

Der Brustkorb wird von den Rippen gebildet. Das sind bogenförmige Knochen, die an der Wirbelsäule entspringen und vorne ins Brustbein übergehen. Die untersten Rippen befinden sich nur an der Wirbelsäule; sie sind am beweglichsten. Zwischen den Rippen befinden sich die Zwischenrippenmuskeln, die sich verkrampfen können. Das erschwert die Brustatmung. Wenn die Schultern steif sind, strömt weniger Luft in die oberen Lungen.

Die Flankenatmung

Bei der Brustatmung dehnt die Brust sich nach vorne und, wenn wir die Schultern heben, nach oben aus. Bei der Bauchatmung wölbt sich der Bauch nach vorne, während das Zwerchfell sinkt. Aber es gibt noch eine dritte Atmung, die man Flankenatmung nennt. Dabei dehnt der Brustkorb sich seitlich aus. Der Schwerpunkt dieser Atmung liegt im Bereich des Zwerchfells.

Die Psychologie der Atmung

Die Atmung ist ein faszinierender Aspekt des Menschen, wie das folgende Beispiel zeigt:

Frau Peters ist 56 Jahre alt und hat Atembeschwerden. Sie benutzt einen Inhalator, weil sie nach Ansicht ihrer Ärzte an Asthma leidet. Ihrer Meinung nach hat sie kein Asthma; aber was mit ihr los ist, weiß sie nicht. Als wir sie bitten, im Bauch zu atmen, gelingt es ihr nicht. Wir legen ihr eine Hand auf den Bauch – er fühlt sich tot, unbeseelt an. Sie hat also schon lange nicht mehr im Bauch geatmet. Wir bitten sie, selbst eine Hand auf den Bauch zu legen und mit ihm Kontakt aufzunehmen. Auch das misslingt. Der kinesiologische Muskeltest enthüllt, dass sie sich mit einem Trauma auseinander setzen muss, ehe sie wieder im Bauch atmen kann. Der Test deckt auf, dass sie das Trauma im zwölften Lebensjahr erlitten hat. Sie weiß sofort Bescheid: Damals ist ihre Schwester gestorben. In der Familie durfte man über diesen Verlust nicht reden. Wir bitten sie zu erzählen, was sie damals durchgemacht hat. Gleichzeitig legen wir eine Hand auf ihren Bauch und die andere auf ihren Hinterkopf. Das ist eine wirksame Methode, um die Last eines Traumas zu lindern. Wir stellen immer wieder Fragen, um ihr das Reden über diese schwere Zeit zu erleichtern. Nach einer Viertelstunde geschieht das Wunder: Ihr Bauch entspannt sich. Sie beginnt wieder zu fühlen. Der Bauch atmet wieder, hebt und senkt sich sacht im Rhythmus der Atmung. Auch die Atmung im Brustkorb bekommt mehr Raum. Später berichtet sie, sie habe den Inhalator nie wieder benutzt.

Dieses Beispiel verrät viel über die Psychologie der Atmung. Über den tiefen Kummer des Mädchens nach dem Tod der Schwester wurde nie gesprochen. Deshalb musste sie ihre Gefühle unterdrücken. Das tat sie, indem sie die Muskeln zwischen den Rippen verkrampfte und dadurch ihre Atmung blockierte. Deshalb konnte sich der Brustkorb nicht mehr ausdehnen, und sie bekam durch die Brustatmung wenig Luft. Andererseits traute sie sich nicht, im Bauch zu fühlen, und darum verkrampfte sich ihr Zwerchfell. Da sie viele Jahre lang nicht mehr im Bauch geatmet hatte, fühlte dieser sich tot an. Ein großes Trauma genügte, um die Atmung jahrzehntelang zu hemmen, und fünfzehn Minuten Stressabbau genügten, um die alte Verkrampfung zu lösen. Jetzt durfte sie wieder fühlen, reden und weinen.

Wenn wir irgendwo nicht fühlen wollen, hemmen wir dort die Atmung. Jeder Teil des Körpers hat seine eigene psychische Funktion. Die Organe sind eng mit unserem Gefühlsleben verbunden, und wenn wir einen bestimmten Bereich blockieren wollen, verringern wir an dieser Stelle die Atmung. Deshalb sollten wir über die psychische Bedeutung bestimmter Körperteile Bescheid wissen. Beginnen wir mit dem Brustkorb.

Das Herz ist untrennbar mit der Liebe verbunden. Das Herzchakra, das mitten auf dem Brustkorb liegt, reguliert das Liebesleben auf der feinstofflichen Ebene. Wenn wir nicht im Herzen fühlen wollen, verschließen wir den Brustkorb vorne. Die positiven Eigenschaften der Lungen sind Mut und Gerechtigkeit, ihre negativen Eigenschaften sind Kummer, Trauer und Depression. Wenn wir den Raum in den Lungen verkleinern, um keinen Kummer zu spüren, wehren wir uns auch gegen die positiven Aspekte der Lungen.

Die negative Eigenschaft des Magens sind Sorgen, seine positive ist Zufriedenheit. Die Nieren sind unverkennbar mit Angst, aber auch mit Sicherheit verbunden, und sie liefern Energie für die Sexualität. Die Galle hat Wut als negative und Vergebung als positive Qualität. Der Dünndarm hat Freude als positive und Trauer als negative Eigenschaft. Beim Dickdarm sind es Schuldgefühle und das Selbstwertgefühl, bei der Blase Ungeduld und Unruhe einerseits und Harmonie andererseits. Jeder Körperteil gibt uns also die Kraft, um bestimmte Eigenschaften im Leben zu entfalten.

Wenn ein Organ überlastet ist, strahlt es ständig seine negativen Eigenschaften in den Körper aus. Sind beispielsweise die Nieren überlastet, fürchten wir uns schnell, während starke Nieren keine Probleme mit der Angst haben. Wenn wir die Nieren lange Zeit überlasten, weil wir immer Angst haben, ist eine Erschöpfung der Nieren die Folge, und dies verstärkt die Angst. Wenn wir in einem Organ atmen, massieren wir es. Dadurch wird es mit Energie und Blut versorgt. Giftstoffe können sich dann nicht mehr so leicht festsetzen und werden besser ausgeschieden; das Organ bleibt vitaler und kann den Körper mit seiner positiven Energie besser unterstützen.

Die Essenz der Atmung

Die Atmung hat aber auch eine tiefere Bedeutung. Mit jedem Einatmen nehmen wir auch Prana auf, das den Körper ernährt. Ohne Prana ist kein Leben möglich. Es ist daher sehr wichtig, tief und vollständig zu atmen. Wenn wir nicht tief atmen, kann die Lebenskraft uns nicht durchströmen. Die Atmung versorgt die Organe mit Prana und Sauerstoff und massiert alle Organe im Bauch und im Brustkorb, wodurch diese vitalisiert werden. Bei der Bauchatmung werden beispielsweise die Därme massiert, was ihre Reinigung und die Entfernung von Giften aus dem Blut sehr fördert.

Tiefer atmen

Die meisten Menschen atmen nicht voll. Bei einigen ist die Atmung so stark blockiert, dass ein glückliches Leben unmöglich ist. Beim Atmen unterscheiden wir Einatmung und Ausatmung. Werfen wir zunächst einen Blick auf die Ausatmung.

Die Ausatmung

Atmen Sie einmal tief aus. Der Mund darf dabei ein wenig geöffnet sein, so dass die Luft ungehindert fließt. Was spüren Sie? Atmen Sie dann einmal tief ein, und halten Sie kurz die Luft an, ehe Sie erneut tief ausatmen. Spüren Sie den Unterschied zwischen Ein- und Ausatmung? Ausatmen bedeutet loslassen. Wenn wir tief ausatmen wollen, müssen wir also tief loslassen. Das ist die eigentliche Bedeutung der Ausatmung. Beim Ausatmen geben wir uns dem Strom des Lebens hin. Wir vertrauen ihm. Wenn wir das nicht wagen, schränken wir die Ausatmung und dadurch auch die Einatmung ein. Stellen Sie sich vor, Sie lassen die Hälfte der Luft aus einem Ballon und blasen ihn dann wieder auf. In den halbvollen Ballon können Sie viel weniger Luft blasen als in einen leeren.

Menschen, die nicht tief ausatmen, sind sich dessen nicht bewusst. Sie haben sich dieses Verhalten oft schon vor Jahren angewöhnt. Wenn wir sie auffordern, tiefer auszuatmen, versuchen sie es zwar, aber es gelingt ihnen häufig nicht, weil sie nicht wissen, wie es geht. Zum Glück ist es einfach, ihnen zu helfen. Legen Sie eine Hand auf die Stelle, an der die Ausatmung eingeschränkt ist, und drücken Sie am Ende der Ausatmung auf diese Stelle. Beginnen Sie mit einem sanften Druck, und steigern Sie ihn nach und nach ein wenig. Drücken Sie nie zu stark, und folgen Sie Ihrer Intuition. Sie müssen im Geiste wollen, dass der Patient tief ausatmet. Atmen auch Sie gleichzeitig und hörbar tief aus. Drücken Sie dabei den Brustkorb so weit wie möglich nach unten, und halten Sie den Druck ein paar Sekunden lang aufrecht. Wenn die Ausatmung beginnt, federt Ihre Hand mit nach oben. Wiederholen Sie das einige Male. Meist lässt der Brustkorb sich jedes Mal tiefer nach unten drücken.

Man kann auch den eigenen Brustkorb nach unten drücken. Bei der Therapie ist es unserer Meinung nach besser, dem Patienten zu helfen, sofern die Regeln der Moral strikt beachtet werden. Der Therapeut sollte immer erklären, was er tun will und warum. Dann fragt er den Patienten, ob er einverstanden ist, und weist ihn darauf hin, dass er sich völlig frei entscheiden kann. Ist der Patient früher missbraucht worden, sollte der Therapeut ihn nicht berühren, selbst wenn es in technischer Hinsicht hilfreich wäre. Solche Patienten kennen ihre Grenzen oft nicht genau oder können nicht darüber reden. Wichtig ist auch, wo man die Hände auflegt. Meist drückt man auf die Mitte des Brustkorbs und auf die unteren Rippen. Bei einem Mann darf man diese Stellen berühren, wenn er zustimmt. Bei einer Frau dürfen die Hände die Brüste nicht berühren. Man kann sie oberhalb der Brüste, unter den Brüsten (auf den unteren Rippen) und zwischen ihnen auflegen. Im letzteren Fall sollte man die Patientin bitten, ihre eigene Hand zwischen die zu Brüste legen. Der Therapeut legt dann seine Hand auf die Hand der Patientin, damit er diese intime Stelle nicht direkt berührt.

Durch Druck auf den Brustkorb werden die Lungen entgiftet; der Druck auf die unteren Rippen entgiftet die Leber. Das ist zwar positiv, aber man muss doch etwas vorsichtig sein, denn der Körper muss diese Giftstoffe ausscheiden. Darum übt man den Druck nicht zu lange und nicht zu oft aus, damit der Körper zwischen den Behandlungen die Möglichkeit hat, die Gifte zu entfernen. Nichts hilft dem Körper dabei mehr als das Trinken von mehreren Gläsern Wasser am Tag. Im Winter darf das Wasser jedoch nicht zu kalt sein.

Kranke sollte man nicht durch Druck auf den Brustkorb behandeln, denn der Körper braucht seine Energie, um sich zu heilen, und will nicht auch noch Gifte ausscheiden.

Wird die Ausatmung tiefer, kann mehr Sauerstoff einströmen. Das ist auch die Überleitung zur Einatmung.

Die Einatmung

Wie bereits erwähnt, gibt es mehrer Möglichkeiten einzuatmen: indem wir den Brustkorb weiten, indem wir die Schultern hochziehen, indem wir das Zwerchfell straffen (Bauchatmung) oder indem wir die Seiten des Brustkorbs weiten. Dabei kann die Einatmung eingeschränkt oder unregelmäßig sein. Wie atmen Sie jetzt? Ist der Bauch entspannt, und bewegt er sich im Rhythmus der Atmung mit? Atmen Sie hauptsächlich im Brustkorb? Bewegt sich dieser auch an den freien Rippen oder vor allem oben an den Enden der Schlüsselbeine? Wenn Sie dort atmen, ist Ihre Atmung wahrscheinlich oberflächlich und schnell, weil der Raum für die Atmung beschränkt ist.

Atmen Sie nun einige Male so tief wie möglich im Bauch. Gelingt das? Manche Menschen glauben, dass sie im Bauch atmen, obwohl es nicht (ganz) zutrifft. Um festzustellen, ob Sie im Bauch atmen, legen Sie eine Hand darauf. Bewegt sich die Hand? Wenn ja, atmen Sie im Bauch. Denken Sie daran, dass der Bauch sich beim Einatmen ausdehnt und beim Ausatmen eingezogen wird. Manche Menschen, die nicht an die Bauchatmung gewöhnt sind, machen es umgekehrt!

Einige Menschen atmen nur im obersten Teil des Bauches, andere bis zum Nabel. Nur wenige können tief im Unterbauch atmen.

Versuchen Sie nun, einig Male so tief wie möglich einzuatmen. Bei manchen Menschen geht dabei nur der Brustkorb nach oben – sie atmen nicht im Bauch. Andere haben den inneren (seelischen) Raum, um sowohl im Bauch als auch im Brustkorb zu atmen. Wer nur im Brustkorb atmet, benutzt oft die oberen Lungen, wenn er mehr Luft braucht, und hebt daher die Schultern.

Der vierte Schritt der Atemschule ist das *gleichzeitige* Einatmen im Bauch und im Brustkorb. Brust und Bauch wölben sich dann gleichzeitig nach vorne. Das fällt vielen Menschen schwer, und wenn sie es probieren, geht meist zuerst die Brust und danach der Bauch nach vorne (oder umgekehrt).

Wenn wir therapeutisch mit der Atmung arbeiten, folgen wir diesen Schritten:

1. *Wir bitten den Patienten, ruhig und entspannt zu atmen, und beobachten die Atmung.*
2. *Wir bitten den Patienten, nur im Bauch zu atmen, und beobachten die Atmung.*
3. *Wir bitten den Patienten, tief im Brustkorb zu atmen, und beobachten die Atmung.*
4. *Wir bitten den Patienten, gleichzeitig im Brustkorb und im Bauch zu atmen, und beobachten die Atmung.*

Nachdem wir untersucht haben, wie wir selbst atmen oder wie unser Patient atmet, versuchen wir nun, die Atmung zu optimieren. Das beschreiben wir hier aus dem Blickwinkel des Therapeuten. Zuerst müssen wir wissen, wo das größte Problem des Patienten liegt: bei der Einatmung oder bei der Ausatmung. Manchmal erstarrt der Brustkorb in der Position der Einatmung. Die unteren Rippen ragen dann nach vorne und nach oben. Die Schultern werden hochgezogen, und die Muskeln verkrampfen in dieser Stellung. Beim Ausamten fällt der Brustkorb nicht mehr in seine natürliche Position zurück. Was das bedeutet, sollten Sie selbst erfahren. Dazu atmen Sie im Brustkorb ein und heben dabei die Schultern. Bleiben Sie dann in dieser Position. Beim Ausatmen wird der Brustkorb jetzt nur teilweise leer. Atmen Sie eine Zeit lang so weiter. Sie merken bald, dass die Atmung sehr oberflächlich und schnell wird, denn Ihre Haltung ist verkrampft. Wer sie einnimmt, hat nicht den Mut loszulassen. Wenn der Brustkorb in der Position der Einatmung fixiert ist, können wir die Einatmung nicht vertiefen. Wir müssen zuerst Platz schaffen, also ausatmen. Bei der fixierten Ausatmung ist es umgekehrt: Der Brustkorb ist flach und bewegt sich nicht mit. Sein oberer Teil ist oft eingesunken und macht einen „unterernährten" Eindruck. So ein Mensch hat nicht den Mut einzuatmen und muss es daher lernen.

Wenn wir jemandem helfen wollen, an einer bestimmten Stelle tiefer einzuatmen, bitten wir ihn einfach, sich auf diese Stelle zu konzentrieren und tiefer zu atmen. Manchmal genügt das, manchmal nicht. Einige Patienten wissen nicht, wie man tief atmet – es ist zu lange her, dass sie richtig geatmet haben. Andere wissen es zwar, aber sie haben Angst vor den Gefühlen, die aufkommen, sobald sie tiefer atmen. Bisweilen spürt man nämlich, dass die Atmung der Schlüssel zu diesen Gefühlen ist. Dann hilft nur eine Ermutigung. Wenn der Patient nicht weiß, was er tun soll, legen wir die Hand auf die Stelle, wo er tiefer atmen muss. Wenn er ausatmet, folgt die Hand der Bewegung. Am tiefsten Punkt der Ausatmung üben wir etwas Druck aus. Bitten Sie dann den Patienten, Ihre Hand mit der Einatmung nach oben zu drücken. Üben Sie weiter einen leichten Druck aus, bis der Brustkorb oder der Bauch sich fast in der Position der vollständigen Ausatmung befindet. Verringern Sie dann den Druck. Der Patient braucht einige Zeit, um sich daran zu gewöhnen, denn es ist neu für ihn. Geben Sie ihm die notwendige Zeit.

Die innere Haltung beim tieferen Einatmen

Wir können Patienten auf eine mechanische Weise beibringen, tiefer zu atmen; aber dann verkennen wir das Wesen der Atmung: Bewusstwerden. Die Atmung ist aus dem Gleichgewicht geraten, weil der Patient Angst vor seinen Gefühlen hat. Wenn wir ihn lehren, mechanisch tiefer zu atmen, kann er deswegen nicht tiefer fühlen. Um das zu erreichen, wenden wir uns zuerst selbst nach innen. Dann sind wir ein Vorbild, was die innere Einstellung anbelangt. Aus dieser Haltung heraus erklären wir ihm, dass seine Atmung gestört ist, weil er nicht den Mut hat, mit sich selbst Kontakt aufzunehmen. Wir fügen hinzu, das sei Voraussetzung für jede geistige Entwicklung.

„Konzentrieren Sie sich auf Ihren Bauch (Ihren Brustkorb). Bleiben Sie dort ruhig anwesend. Wenn sich Gefühle einstellen, sind sie willkommen. Das gehört dazu. Atmen Sie tief.“

Wenn Gefühle aufkommen, stehen wir sie durch, sofern sie aus der Tiefe stammen. Das ist beim tieferen Atmen fast immer der Fall. Oft geschieht dabei etwas Besonderes: Sobald die Gefühle auftauchen, stockt die Atmung. Der Patient fällt dann in sein altes Verhaltensmuster zurück. Es ist wichtig, ihm diesen Vorgang zu erklären. Damit er dieses Verhalten ablegen kann, bitten wir ihn, auch zu Hause zu üben. Er soll „gut“ atmen und sich bewusst auf das konzentrieren, was ihm schwer fällt. Dann geht es darum, die gute Atmung beizubehalten. Übung macht den Meister!

Brust- oder Bauchatmung?

Brust und Bauch haben beim Atmen jeweils ihre eigene Funktion. Wenn wir entspannt sind, ist die Bauchatmung die natürliche Atmung. Wenn wir verspannt sind, ist auch der Brustkorb betroffen. Bei harter körperlicher Arbeit oder anstrengendem Sport wird auch die obere Teil der Lungen genutzt, die Schultern werden dann angehoben. Es ist wichtig, alle diese Atemtechniken gut zu beherrschen. Zu uns kommen oft Patienten, die bei Yogakursen gelernt haben, im Bauch zu atmen. Das können sie zwar recht gut, aber die Brustatmung ist dann blockiert. Darum zeigen wir ihnen beide Atemtechniken, damit sie von der einen zur anderen umschalten können, wenn es notwendig ist.

Eine besondere Technik ist die Brust-Bauch-Atmung. Dabei dehnen sich Brust und Bauch beim Einatmen *gleichzeitig* aus und werden beim Ausatmen *gleichzeitig* eingezogen. Der Vorteil dieser Technik besteht darin, dass wir loslassen. Die Energie des Gefühlslebens kann dann fließen und wird nicht blockiert. Wenn man ein Trauma verarbeiten will, ist diese Atmung die Beste. Therapeuten wissen, dass viele Menschen zunächst nicht dazu imstande sind, weil sie den Strom der emotionalen Energie lieber blockieren wollen. Das ist ihr Trick, um nicht fühlen zu müssen. Wenn wir anderen helfen wollen, müssen wir solche Tricks entlarven und herausfinden, ob die Zeit reif ist, sie durch ein neues Verhalten zu ersetzen, das heißt, ob der Patient den Mut hat zu fühlen, indem er gleichzeitig in der Brust und im Bauch atmet.

Hyperventilation

Wenn Patienten üben, um anders zu atmen, tun sie meist ihr Bestes. Sie nehmen sich nicht die Zeit, um lang auszuatmen und zwischen Ein- und ausatmen eine Pause zu machen. Die kurze Ausatmung geht dann sofort in eine ebenso kurze Einatmung über. Diese Atmung bezeichnen wir als *verbundene* Atmung. Die Folge ist, dass zu viel Sauerstoff in Blut gelangt und die Lungen zu wenig Kohlendioxid ausscheiden. Das kann zu folgenden Symptomen führen:

- *Hände, Füße und die Umgebung des Mundes prickeln. Manchmal breitet sich das Prickeln weiter aus.*
- *Mund, Finger und Zehen verkrampfen und lassen sich nicht mehr bewegen.*
- *Durst, trockener Mund*
- *Leichte bis panische Angst*
- *Atembeschleunigung, pfeifendes Einatmen*

- *Das Gefühl, keine Luft mehr zu bekommen*
- *Versteifung des Brustkorbs. Man muss sich beim Einatmen anstrengen*
- *In Extremfällen Ohnmacht*

Dieses Phänomen heißt Hyperventilation. Für den Körper ist sie ungefährlich, es sei denn, man verletzt sich, wenn man ohnmächtig wird (wir haben eine Ohnmacht noch nie beobachtet). Das Problem bei der Hyperventilation ist die Angst. Wenn ein Mensch einmal stark hyperventiliert hat, ohne zu verstehen, worum es sich handelt, entsteht oft eine so starke Angst davor, dass er eine Wiederholung unbedingt vermeiden will. Er vermeidet dann auch Situationen, in der seiner Meinung nach eine Hyperventilation droht, und erfindet immer mehr Situationen dieser Art, bis er schließlich nur noch zu Hause bleibt. Das wollen wir natürlich verhindern, und darum zeigen wir allen Patienten, die verbunden atmen, wie man richtig atmet. Dafür benutzen wir eine einfache Formel: zweimal so lange ausatmen wie einatmen, oder: bis sechs zählen und dabei durch den Mund ausatmen, dann bis drei zählen und durch die Nase einatmen. Sobald der Patient diesen Rhythmus verliert, korrigieren wir ihn. Das ist wichtig, weil der Patient auch zu Hause allein üben muss, wenn er die richtige Atmung lernen will. Wir brauchen eben Zeit und Übung, um Gewohnheiten zu ändern. Außerdem erklären wir, was schief gehen kann, wenn man verbunden atmet, wie man diesen Fehler erkennt und wie man ihm abhilft.

Eine spezielle Therapie, die *Rebirthing* heißt, wendet bewusst die Hyperventilation durch verbundenes Atmen an. Das kann zu heftigen Gefühlsausbrüchen führen, zur so genannten *Katharsis*. Auffallend dabei ist, dass dies keine Angst auslöst wie beim normalen Hyperventilieren. Das liegt zum Teil am Umfeld, in dem das Rebirthing sich abspielt, aber auch daran, dass man es freiwillig und bewusst auf sich nimmt. Aber es spielt noch etwas anderes mit. Die spontane Hyperventilation wird immer von Angst begleitet; die Angst ist also bereits vorhanden. Man atmet dann nur im Brustkorb, vor allem im oberen Bereich, und diese Atmung wird schnell oberflächlich. Betroffene müssen lernen, sich zu entspannen und der Atmung hinzugeben. Die tiefe Bauchatmung ist ein Segen für Menschen, die hyperventilieren. Eine gute therapeutische Begleitung ist dabei sehr nützlich, weil es nicht einfach ist, die Verkrampfung zu lösen und loszulassen. Beim Rebirthing wird die verbundene Atmung bewusst eingesetzt.

Atmung als Weg zur Erleuchtung

Die Atmung hält zahlreiche wichtige Stoffwechselprozesse in Gang. Sie versorgt den Körper mit Sauerstoff und entfernt Schlacken. Die Organe und andere Gewebe in der Brust- und Bauchhöhle werden beim Atmen ständig massiert und dadurch vitalisiert. Die Atmung macht uns bewusst, was in uns vorgeht. Eine gute Atmung ist Voraussetzung für Gefühle. Wo wir atmen, fließt Energie, wo wir nicht atmen, stagniert sie. Die tiefe Bauchatmung öffnet die unteren Chakras. Das verbessert die Erdung, die für unsere Entwicklung so wichtig ist. All das ist heute vielen Menschen im Westen bekannt. Aber die Atmung birgt noch eine große Möglichkeit in sich, die bei uns viel weniger bekannt ist und selten genutzt wird. Die großen Traditionen des Ostens haben diese tiefe Wirkung der Atmung entdeckt und viele verschiedene Atemtechniken entwickelt. Zum Teil dienen diese Techniken der Gesundheit, aber sie haben auch noch eine andere Bedeutung: Wir können durch die Atmung unsere Spiritualität entwickeln und uns des Göttlichen in uns bewusst werden. Wir werden wach und erleuchtet. Die großen Erleuchteten sagen, dieser Zustand sei der einzig wahre Zustand des Menschen. Solange wir ihn nicht erreicht haben, schlafen wir. Diesen Weg sollten wir jedoch nur in Begleitung eines Meisters gehen, der ihn genau kennt. Aber wenn Sie inspiriert werden wollen, empfehlen wir Ihnen folgende Bücher:

Yogananda, *Autobiographie eines Yogi*
Kriyananda, *The Spiritual Science of Kriya Yoga*

Die Atemtechniken der östlichen Traditionen sind schnelle Wege zur Erleuchtung. Wir empfehlen Ihnen dringend, erst zu prüfen, ob dies auch Ihr Weg ist. In diesem Buch beschränken wir uns auf Methoden, die für Menschen im Westen einfacher sind und keine Begleitung voraussetzen. Wenn wir die Ein- und Ausatmung befreien, wie oben beschrieben, können wir im täglichen Leben bewusster werden. Die folgende Meditation erleichtert den Weg zum Herzen, zur göttlichen Quelle in uns, durch die Atmung.

Entspannen Sie sich.
Atmen Sie tief im Herzen.
Entspannen Sie sich.
Atmen Sie noch tiefer im Herzen.
Entspannen Sie sich.
Wenden Sie sich nach innen.
Entspannen Sie sich.
Öffnen Sie Ihr Herz für Gott.
Entspannen Sie sich.
Atmen Sie tief in Gott.
Gehen Sie in Gott auf.
Entspannen Sie sich.
Lassen Sie Gott in Ihr Herz.
Entspannen Sie sich.
Akzeptieren Sie die Liebe in Ihrem Herzen.
Gehen Sie in dieser Liebe auf.
Erkennen Sie, dass diese Liebe weißes Licht ist.
Nehmen Sie das weiße Licht ins Herz auf.
Entspannen Sie sich.
Lassen Sie zu, dass das weiße Licht sich ausbreitet.
Entspannen Sie sich.
Das weiße Licht breitet sich im ganzen Körper aus.
Das weiße Licht bringt Ihre Haut sanft zum Glühen.
Sehen, wissen oder erfahren Sie, dass das weiße Licht durch die Haut nach außen strahlt und die Aura erfüllt.

Kehren Sie jetzt ruhig zurück, und bewahren Sie das angenehme Gefühl.

17 Energetische Reinheit

In einem früheren Kapitel haben wir ausführlich über Licht und Dunkelheit geschrieben. Wer spirituell helfen will, möchte Menschen auf ihrem Weg zu ihrem Selbst unterstützen. Jeder von uns kann sich auf diesem Weg frei entscheiden. Diesen freien Willen müssen wir als Therapeuten respektieren. Wichtig ist jedoch, dass wir Patienten auf ihren freien Willen und die Folgen ihrer Entscheidungen hinweisen.

Drogenkonsumenten erklären wir beispielsweise immer, dass die Drogensucht ein Einfallstor für die niedere Astralwelt ist, dass es schwer ist, diesen Schaden im feinstofflichen Körper zu reparieren, und dass der Einfluss der Dunkelheit wahrscheinlich um so größer wird, je länger sie Drogen zu sich nehmen.

Wissen ist für die spirituelle Entwicklung wichtig. In unserer Gesellschaft herrscht große Unwissenheit über den Weg zum Licht und die Gefahren, die uns unterwegs begegnen können. Therapeuten haben die Aufgabe, Menschen aufzuklären. Kinder müssen sie oft auch erziehen. Wir legen so großen Wert auf diese Tatsachen, weil uns immer mehr auffällt, wie wenig die Menschen wissen. Selbst wenn sie etwas wissen, richten sie sich oft nicht danach. Es geht um grundlegende Werte und Normen, die den Weg zum Licht zeigen und auch den Grundton unserer Bücher bestimmen.

Das Licht in uns ist eine zarte Blume, die von der Dunkelheit schnell zertreten wird, wenn wir das Licht nicht behüten. Das ist eine sehr große Aufgabe, sogar die größte Aufgabe jedes Menschen, der zum Licht strebt. Wie behüten wir das Licht? Einfach indem wir zwischen dem Licht und der Dunkelheit unterscheiden und uns dann eindeutig für das Licht entscheiden. Das ist eine leichte Wahl, wenn es um Großes geht. Sie ist leicht, weil es dann klar ist, was hell und was dunkel ist. Aber in unserer Zeit ist die Dunkelheit in alle Lebensbereiche eingedrungen. Denken Sie einmal daran, was Sie in den letzten zehn Minuten getan haben. Haben Sie die Lichtkraft gestärkt? Und wie war es in der letzten halben Stunde oder in der letzten Stunde? Wie Sie sehen, ist es nicht einfach, ständig wachsam zu sein. Unsere Gesellschaft ist darauf überhaupt nicht eingestellt. Wir müssen uns also auf unsere eigene innere Kraft besinnen und nachdenken:

> Sind meine Gedanken rein und auf das Licht gerichtet,
> oder sind sie negativ?
> Handle ich aus Liebe?
> Strebe ich nach Liebe oder nur nach Lust?

Wenn wir in die Kirche gehen, opfern wir dafür eine Stunde je Woche, höchstens ein paar Stunden. Das investieren manche Menschen in ihre spirituelle Entwicklung. Stärker wird das spirituelle Wachstum, wenn wir uns *ständig* am Licht ausrichten, nicht ab und zu ein Stündchen, sondern immer und unermüdlich. Das setzt eine enorme Disziplin voraus, die wir nicht leicht und nicht von selbst lernen. Als spirituelle Therapeuten haben wir die Aufgabe, die Menschen auf den Weg zum inneren Licht hinzuweisen. Wir müssen uns immer wieder innerlich für das Licht entscheiden. Das Wichtigste dabei ist die Beherrschung der Sinne.

Die Beherrschung der Sinne

Wenn wir zum Licht streben, müssen wir unsere Sinne nach innen richten; denn das Licht ist in uns. Aber was tun wir heutzutage? Wir richten unsere Sinne vollständig nach außen. Wir suchen andauernd nach Reizen, nach Unruhe, nach Spaß. Diese Reize lenken uns vom Inneren ab, und wenn wir spirituell wachsen wollen, müssen wir uns vor ihnen abschließen. Die wichtigste Voraussetzung dafür ist eine Entscheidung: Ich orientiere mich nicht an der äußeren, sondern an der inneren Welt. Außerdem brauchen wir Übung und Willenskraft.

Wenn wir durch eine belebte Stadt gehen, lenken die grellen niederen Reize uns vom inneren Licht ab. Trotzdem können wir uns nach innen wenden, zur Quelle, zum Licht in uns. Dann bildet sich ein Schutzschirm, den selbst die stärksten Reize nicht durchdringen können.

Das Göttliche in jedem Menschen sehen

Wir können die Menschen, denen wir begegnen, auf ihrer niederen Ebene ansprechen, aber auch auf ihrer göttlichen Ebene. Wenn wir sie auf der göttlichen Ebene ansprechen, profitieren wir ebenso davon wie sie. Das gilt für das tägliche Leben und für die Therapie. Im täglichen Leben können wir jeden

Menschen, dem wir begegnen, auf seiner göttlichen Ebene wahrnehmen. Natürlich ist das Göttliche nicht in jedem Menschen vollständig sichtbar; aber wenn *wir* es sehen, können wir anderen helfen, es in ihrem Inneren anzusprechen und so zu entdecken. Dann nimmt unser höheres Selbst mit dem höheren Selbst des anderen Verbindung auf. So entsteht ein fruchtbarer Kontakt.

Das Göttliche im Menschen ist sein reinster, unverletzlicher Teil. Dieser Teil kennt reine Liebe, Wahrheit, Lauterkeit und Aufrichtigkeit. Wenn wir ihn ansprechen, wird unser Mitmensch sich dieser Ebene bewusst, und die Interaktion hat ein wertvolles Ergebnis: Wir erheben uns über die Ebenen, die das Göttliche noch nicht kennen. Indem wir uns am Höheren ausrichten, vermeiden wir den Kontakt mit dem Niederen und werden daher nicht von ihm beschmutzt. So bleiben wir geistig und feinstofflich sauber. Und Menschen, deren höheres Selbst wir ansprechen, verlagern ihre Aufmerksamkeit von der niederen zur höheren Ebene und entwickeln sich zum Licht. So zeigen wir ihnen, dass es noch eine andere Möglichkeit gibt als Kontakte auf der niederen Ebene. Wir sind ein Vorbild. Wenn andere uns in diesem Sinne begegnen, haben wir ein Gefühl der Heiligkeit, weil wir uns dann unserer höheren Ebene bewusst werden.

Energetische Verschmutzung

Wenn wir uns auf niedere Energie einstimmen, wird unsere eigene Energie niedriger. Das nennen wir „energetische Verschmutzung". In jedem Menschen befinden sich alle Dimensionen. Aber welchen Aspekt sollen wir ansprechen? Wenn wir das Höhere ansprechen, wachsen wir hin zum Licht. Wenn wir das Niedere ansprechen, öffnen wir uns für eine niedere Ebene in uns. Wir können uns die Reise zum Licht als Bergbesteigung vorstellen, wobei der Berg das Leben und der Gipfel die Vereinigung mit der Quelle symbolisiert. Wir können den Berg auf dem kürzesten Weg besteigen, aber auch tausendmal von ihm abweichen. Wir können ständig zum Tal zurückschauen und nach ein paar Schritten bergauf wieder einige Schritte bergab gehen. Wenn wir von unserer niederen Ebene aus mit der niederen Ebene anderer Menschen Kontakt aufnehmen, gehen wir ins Tal zurück. Bleiben wir dagegen im höheren Bewusstsein und nehmen von dort aus Verbindung mit dem niederen Teil anderer Menschen auf, beschmutzen wir uns nicht und senken auch nicht unser Energieniveau. Wir sind anderen ein Vorbild.

18 Das Tiefere mit dem Höheren verbinden

In diesem Kapitel besprechen wir einen der wichtigsten Aspekte der spirituellen Hilfe. Dabei wird deutlich, dass es bei der Hilfeleistung nicht darum geht, das Leben zu erhalten, sondern darum, Wachstum zu bewirken, Wachstum hin zum Licht, zum Kern, zur Quelle. Zuerst müssen wir einige Grundbegriffe klären. Wenden wir uns zunächst dem Unterschied zwischen Gefühlen und Emotionen zu.

Gefühle und Emotionen

Im täglichen Sprachgebrauch werden die Begriffe „Gefühle“ und „Emotionen“ synonym verwendet. Stellen Sie sich einen sehr emotionalen Menschen vor. Wahrscheinlich denken Sie an jemanden, der seine Emotionen sehr deutlich ausdrückt. Nun stellen Sie sich einen Menschen vor, der tiefe Gefühle hat. Jetzt denken Sie vermutlich an jemanden, der sehr nach innen gewandt ist. Sein Gesichtsausdruck zeigt, dass sein inneres Erleben ihn tief berührt, ohne dass er es „explosiv“ ausdrückt wie der emotionale Mensch. Dies ist der Kern des Unterschieds zwischen Gefühlen und Emotionen.

Emotionen sind immer nach außen gewandt, und das Wort „Emotion“ bedeutet tatsächlich „Bewegung nach außen“. Gefühle sind immer nach innen gerichtet. Sie können äußerlich sichtbar sein, aber sie sind viel weniger expressiv als Emotionen. Gefühle sind der Weg der Seele; durch sie lernt die Seele die Lektionen des Lebens. Eine Emotion zeigt, dass wir diese Lektionen von uns stoßen. Der fühlende Mensch übernimmt für seine Gefühle die Verantwortung, der emotionale Mensch schleudert seine Emotionen nach außen, oft in Form einer Schuldzuweisung. Sobald die Emotion in eine Bewegung nach innen umschlägt, sprechen wir von einem Gefühl. Gefühle sind der Weg des Wachstums, Emotionen sind der Weg der Stagnation oder des Rückschritts.

Eine Emotion kann durch etwas ausgelöst werden, was in uns ist, zum Beispiel durch einen Gedanken, aber auch durch etwas Äußeres, etwa durch das Verhalten anderer. Wir sprechen insofern von inneren und äußeren

Reizen, die etwas in uns wecken. Was tun wir dann? Reagieren wir sofort nach außen, oder gehen wir zuerst nach innen und untersuchen, was das für uns bedeutet?

Das emotionale Bewusstsein befindet sich auf einer tieferen Ebene als das fühlende. Der Grund dafür liegt auf der Hand: Gefühle lösen Wachstum aus, Emotionen führen zu Stillstand oder gar Rückschritt. Emotionen sind nie stärkend, nie schön.

Der emotionale Mensch glaubt oft, eine Emotion überfalle ihn und er könne nichts dafür. Unserer Meinung nach hat er immer die Wahl. Wenn er emotional reagiert, wirft er sein inneres Erleben ohne Nachdenken nach außen.

Es ist sinnvoll, sich zu äußern, damit andere sehen, was Ereignisse für uns bedeuten. Wir dürfen uns ärgern, weinen, Angst oder Wut zeigen. Aber wenn wir dabei nicht fühlen, nicht nach innen gehen und uns nicht weiterentwickeln, sind wir hysterisch. Nur wenn wir im Kontakt mit anderen zeigen, was uns berührt und warum, kommen wir gemeinsam weiter, weil wir voneinander lernen.

Die Äußerung von Gefühlen hat noch einen wichtigen Vorteil: Wir bleiben im emotionalen Körper stecken, wenn wir uns nicht äußern. Der emotionale Körper ist jener Teil des Energiesystems, der Emotionen regelt.

Wer spirituell sehr weit entwickelt ist, kann sich ganz über den emotionalen Körper erheben. Dann braucht er keine Gefühle mehr auszudrücken. Aber das gilt eher für einen Yogi als für den durchschnittlichen Westeuropäer.

Wie fühlen wir eigentlich? Wir merken, dass etwas im Körper vorgeht. Vielleicht spüren wir einen Druck in der Brust. Wenn wir nun unsere Aufmerksamkeit auf diese Stelle richten, werden wir bewusster. Wir untersuchen das Gefühl im Brustkorb mit dem Verstand und akzeptieren es. Die Atmung spielt dabei eine wichtige Rolle. Wenn wir dem Gefühl Raum geben, kommen uns allerlei Gedanken, die uns erklären, worum es geht. Manchmal tauchen auch innere Bilder auf, zum Beispiel Erinnerungen, die mit dem Gefühl verbunden sind. Das sind Bilder von tatsächlichen Situationen. Aber innere Bilder können auch fiktive Situationen wiedergeben; dann sind es Symbole. Bei manchen Menschen spielen solche Bilder eine wichtige Rolle im Prozess des Fühlens, bei anderen nicht.

Es ist wichtig, alle diese Aspekte des Fühlens so gut wie möglich zu nutzen. Das Herz ist das Zentrum des fühlenden Bewusstseins, denn es weiß, was der Liebe entspringt. Das Herz steht über den Emotionen des Bauches. Das fühlende Bewusstsein kann nur entstehen, wenn das Herz ausreichend entwickelt ist. Wer sein Herz nicht kennt, kann nicht fühlen. Das Herz ist der Schlüssel im Prozess des Fühlens. Darum ist das Fühlen auch von so großem Wert für die spirituelle Entwicklung des westlichen Menschen.

Das Denken

Der Mensch hat eine einzigartige Fähigkeit: Er kann denken, und zwar auf der niederen und auf der höheren Ebene. Das ist ein bedeutsamer Aspekt des freien Willens. Wenn wir das Denken am Höheren ausrichten, entsteht Licht, wenn wir es am Niederen ausrichten, entsteht Dunkelheit. Wir müssen unbedingt verstehen, dass wir die freie Wahl haben. Gewiss, man spricht auch vom „konditionierten Willen". Damit ist gemeint, dass der Wille sich umso schwerer auf das Licht richten lässt, je tiefer wir in der Dunkelheit stecken. Dennoch ist der Mensch frei. Wir dürfen in jedem Augenblick unseren Lebens frei entscheiden. Spirituelles Wachstum setzt voraus, dass wir unser Denken am Höheren ausrichten. Andernfalls ist spirituelles Wachstum nicht möglich.

Wenn wir emotional sind, haben wir gleichzeitig Gedanken, denn beides ist untrennbar verbunden. Wenn wir wütend schreien „Ich hasse dich", entlarven wir dadurch eine Emotion. Aber es ist auch ein Gedanke. Deshalb haben wir den Begriff „Emotionsgedanken" eingeführt, um das unlösliche Band zwischen Gedanken und Emotionen zu beschreiben.

Die Emotionsgedanken sind das Bewusstsein der emotionalen Ebene: Wir halten uns nicht für verantwortlich und suchen Ursachen in der äußeren Welt. Die Emotion selbst ist eigentlich nichts. Das Bewusstsein bestimmt die Richtung. Es sagt: Ich werfe dies von mir ab, ich beschäftige mich nicht damit. Dem entsprechen die Gedanken. Gedanken auf dieser Ebene sind niedrig mental. Betrachten wir einmal Menschen, die sehr emotional sind. Was denken sie? Bringt ihr Denken sie weiter? Gefühle sind dagegen der Weg nach innen, sie sind eine Selbstprüfung. Darum sind Gefühle viel stärker mit Verantwortung verbunden, und die Gedanken, die sie unterstützen, sind hoch mental.

Die spirituelle Dimension

Die spirituelle Dimension ist die Ebene des Menschen, auf der er sein wahres Ich erfahren kann. Diese Ebene erlaubt es ihm, die materielle Ebene zu verlassen und sich seiner geistigen Fähigkeiten bewusst zu werden. Auf der spirituellen Ebene kann der Mensch erfahren, dass er nicht allein auf der Erde ist, sondern vom Licht getragen wird, sofern er sich dafür entscheiden.

Es ist wichtig, die spirituelle Dimension nicht mit Hellsehen, Hellhören, Hellwissen, Hellfühlen und Hellriechen zu verwechseln. Das Wort „hell" sagt, dass dieses Sehen, Hören, Wissen, Fühlen und Riechen sich nicht auf normale Weise abspielt, sondern mit Hilfe höher entwickelter Organe des Körpers. Hellhören setzt beispielsweise voraus, dass das innere, feinstoffliche Ohr dank seiner Entwicklung Schwingungen auffangen kann, die subtiler sind als die grobstofflichen Schwingungen, welche das materielle Ohr auffängt. Das innere Auge kann Bilder sehen, welche sich völlig von denen unterscheiden, die das materielle Auge wahrnimmt. Der Geist weiß vieles, was die Sinne ihm nicht mitgeteilt haben. Wir spüren, wie andere sich fühlen, ohne dass sie darüber gesprochen haben, ja sogar ohne persönlichen Kontakt. Wenn solche Fähigkeiten sich zu entwickeln beginnen, werden sie häufig mit Spiritualität verwechseln. Aber Spiritualität ist der Weg zum Licht, und darüber sagen diese Fähigkeiten nichts aus. Wir können sie zwar für unsere Reise zum Licht nutzen, aber wir können sie auch zugunsten der Dunkelheit einsetzen. Wenn wir diesen Unterschied nicht machen, besteht die Gefahr, dass wir jemandem blind vertrauen, der etwas hellsichtig wahrnimmt, obwohl er sein Wissen auch von der Dunkelheit erhalten haben kann. Seien wir also vorsichtig!

Die spirituelle Entwicklung ist die Öffnung des großen Herzens. Auf dieser Ebene überwinden wir die persönliche Liebe und gelangen in einen größeren Raum: in die bedingungslose Liebe. Das Wissen auf dieser Ebene ist unermesslich, denn das große Herz ist unermesslich weise. Es weiß genau, was gut für uns ist, was wahr und was unwahr ist. Es weiß, was rein oder unrein ist. Es ist der beste Reiseführer auf dem Weg nach Hause. Niemand kann das große Herz umgehen, wenn er zu dem Haus zurückkehren will, in dem er geboren wurde.

Meditation

Stellen Sie sich vor, Sie seien ständig mit Äußerlichkeiten beschäftigt. Könnten Sie dann Ihre innere Stimme hören? Angenommen, Sie sind nach außen gewandt und werfen ständig alles hinaus. Haben Sie dann Kontakt mit Ihrem Inneren? Die westliche Welt bombardiert uns pausenlos mit Reizen – durch das Fernsehen, den Rundfunk, das Internet, die Zeitung, das Straßenbild und so weiter. Können wir in dieser Umwelt noch nach innen schauen?

Unsere innere Stimme ist sanft und bescheiden. Sie schreit nicht. Wie können wir sie im Lärm unserer Gesellschaft hören? Dazu müssen wir diesen Lärm regelmäßig dämpfen, und genau dies ist das Ziel der Meditation. Sie hilft uns, still zu werden, so dass wir den Kontakt mit unserer Quelle herstellen können. Es gibt viele Formen der Meditation. Das Wichtigste ist, dass sie uns nach innen führt. Die im Westen entwickelten Meditationsformen wollen gestresste Menschen entspannen; die östlichen gehen viel tiefer. Ruhe ist für die Menschen im Osten kein so großes Problem – sie gehört zu ihrem Volkscharakter. Sie wollen durch die Meditation Gott begegnen, der im Menschen wohnt, nicht in der äußeren Welt. Darum ist Yoga im Westen kaum mehr als eine Entspannungsgymnastik, während er im Osten als wirksame Methode benutzt wird, um das Göttliche in sich selbst zu erkennen.

Der Mensch, der wirklich nach innen gehen will, hat von der Meditation großen Nutzen. Die Meditationsform und der Lehrer haben erheblichen Einfluss darauf, was er erreichen kann. Im Westen kann man im Rahmen einer Therapie keinen Meditationsunterricht geben; aber der Therapeut kann seine Patienten über den unschätzbaren Wert der korrekten Meditation auf dem Weg zur Quelle unterrichten.

Das Tiefere mit dem Höheren verbinden – eine fundamentale Therapie

Von der Emotion zum Gefühl

Marcel ist wütend und drückt seine Wut heftig aus. In der Therapie zeigt sich, dass er nicht bereit ist, nach innen zu gehen. Er will sich vor allem abreagieren.

Maria fühlt sich benachteiligt. Ihrer Meinung nach kommt sie immer zu kurz. Alle sind daran schuld.

Was geschieht, wenn Marcel und Maria sich in der Therapie so ausdrücken dürfen? Sie gehen zufrieden nach Hause. Bei der nächsten Sitzung geschieht genau das Gleiche. So kann es lange weitergehen, ohne dass sich etwas ändert. Das ist jedoch nicht das Ziel einer Therapie, erst recht nicht einer spirituellen Therapie. Wir wollen ja erreichen, dass der Patient sich entwickelt und sich nicht in seinem eigenen Kreis weiter dreht. Darum ist es wichtig, über die emotionale Ebene hinauszugehen. Bei Marcel und Maria liegt es nahe, die Ebene der Gefühle zu betreten. Dabei wenden wir uns nach innen und fragen: Worum geht es wirklich?

Wir bitten Marcel, nach innen zu gehen und mit dem Gefühl hinter der Wut Verbindung aufzunehmen. Als er sich abreagieren will, machen wir ihn darauf aufmerksam, dass jeder Mensch alles in seinem Leben selbst herbeiführt, um etwas zu lernen. Marcel ist eindeutig aus dem Gleichgewicht geraten. Wie kann er es wieder finden? Was braucht er dafür? Was will er aus dieser Situation lernen? Warum ist er überhaupt in diese Situation geraten? Welche Entscheidungen haben dazu geführt? Was kann er in der nächsten vergleichbaren Situation anders machen?

Maria erklären wir, dass es bestimmt an ihr liegt, wenn sie ständig zu kurz kommt. Was könnte der Grund sein? Warum gerät sie immer wieder in solche Situationen? Inwiefern ist sie daran schuld? Sobald sie ihre Aufmerksamkeit nach außen lenkt, helfen wir ihr, wieder nach innen zu gehen.

Wir erklären unseren Patienten, dass man die emotionale Ebene mit einem Sumpf vergleichen kann. Solange wir auf dieser Ebene bleiben, werfen wir mit Schlamm. Im Sumpf werden wir nicht sauber – dafür brauchen wir reines Wasser. Das Wasser wird rein, wenn wir selbst rein und ehrlich sind und unsere Mitschuld aufdecken. Wir dürfen niemals mit dem Finger zeigen, denn wir wachsen nur, wenn wir aus dem emotionalen Sumpf kriechen und reine, saubere Gefühle hegen. Das ist möglich, wenn wir das Niedrig-Mentale loslassen und unsere hohen mentalen Fähigkeiten nutzen.

Von der Armut zum großen Herzen

Manche Menschen haben in ihrem Leben wenig geistige Nahrung bekommen. Ihre Mutter liebte sie nicht, ihr Vater war nicht da. Als Erwachsene haben sie immer noch das Gefühl, benachteiligt zu sein. Sie suchen nach jemandem, der ihnen Geborgenheit gibt, finden aber nur Leere.

Ein solcher Mensch, nennen wir ihn Sarah, lebt im Armutsbewusstsein. Diese niedere Bewusstseinsebene ist auch der Grund dafür, dass Sarah sich eine Mutter aussuchte, die ihr keine Liebe geben konnte. Heute ist Sara 26 Jahre alt und will im Leben weiterkommen. Wir erklären ihr, dass sie ihre Leere überwinden kann, indem sie sich dafür entscheidet, reich zu sein. Aber das versteht Sarah nicht. Auf der mentalen Ebene allein lässt sich eine derartige Änderung nicht bewirken. Kaum hat sie die Tür hinter sich geschlossen, hat sie unseren Rat vergessen. Sie muss ihre tiefere Ebene zuerst erfahren, damit sie weiß, dass sie auf einer fundamentalen Ebene immer Liebe findet. Auf dieser Ebene sind wir niemals allein; dort überwinden wir die Einsamkeit der Jugend. Diese Ebene ist ein Aspekt unserer Spiritualität. Sie ist das große Herz. Im großen Herzen fühlt Sarah sich in der Liebe geborgen. Es ist der einzige Ort, an dem sie ihre traumatische Vergangenheit hinter sich lassen kann.

Dieser liebevolle Zufluchtsort liegt in Sarahs Innerem. Er war nie fern von ihr. Die Tür stand immer offen, aber Sarah wusste es nicht. Sie dachte, es gäbe keine Liebe, weil ihre Mutter ihr keine Liebe geben konnte und ihr Vater fort war. Dies ist das Drama unseres Lebens. Weil wir auf der persönlichen Ebene keine Liebe erfahren, wissen wir nichts von der transpersonalen Ebene. Wir wissen nicht, dass es dort Liebe gibt, die nie endet und die Essenz jedes Menschen ist. Der Mensch hat mehrere Dimensionen. Die persönliche Dimension wird unter anderem vom Körper, vom Ich, vom Denken und vom Fühlen gebildet. Aber diese Dimension ist nur die äußere Seite des Menschen. Jenseits dieser Person liegt eine viel tiefere und essenziellere Dimension, in der wir unendlich viel größer sind. Wir können sie spirituelle oder transpersonale Dimension nennen. Das Letztere trifft aber nicht ganz zu, denn es lässt vermuten, dass die Person und die transpersonale Dimension voneinander getrennt sind. Dies ist jedoch nicht der Fall. Das Ziel der Entwicklung besteht eben darin, den transpersonalen Raum mit dem persönlichen Raum zu vereinigen: Das Licht strahlt dann im ganzen täglichen Leben, und im persönlichen Handeln wird Gott sichtbar.

Ein ganz anderes Beispiel ist Herr Peters. Er ist 38 Jahre alt und arbeitet beruflich mit Kindern. Seit einiger Zeit klagt er über sexuelle Fantasien, die Mädchen ab neun Jahren betreffen. Es bleibt bei Fantasien, und der Psychotherapeut, den er zuerst konsultierte, riet ihm, diesen Fantasien „in seinem Leben Raum zu geben, weil das eine Veranlagung ist, an der man nichts ändern kann". Armer Herr Peters, arme Mädchen! Herr Peters hat große Wissenslücken und sein Psychotherapeut ebenfalls. Er kann über seine sexuellen Träume hinauswachsen, aber zuerst muss er den Wert der Sexualität für die menschliche Entwicklung verstehen. Er muss begreifen, dass er eine Entwicklung durchmachen kann: vom kleinen Herzen zum großen Bewusstsein des großen Herzens. Dort besteht kein Bedarf an solchen Fantasien – dort ist Liebe.

Wie können Sarah und Herr Peters diese höhere Dimension erreichen? Dafür müssen sie nach innen gehen, denn in der äußeren Welt ist diese Dimension nicht zu finden. Dies ist eines der großen Paradoxe des Lebens. Solange die beiden nicht die Quelle in ihrem Inneren anzapfen, können sie auch die Quelle in der äußeren Welt nicht erreichen. Um die Quelle zu finden, müssen wir nach innen gehen. Herr Peters muss zuerst fühlen lernen. Er weiß noch nicht, was es bedeutet, nach innen zu gehen. Es kann ziemlich lange dauern, bis er es lernt – aber es ist möglich. Auch Sarah muss trotz des Schmerzes in ihrem Herzen fühlen lernen. Der Schmerz ist nämlich der Schmerz der Person, die Wunde des Lebens auf Erden. Jenseits der Wunde liegt die unermessliche Liebe, vom Nebel des Schmerzes verschleiert. Wenn wir solche Schmerzen empfinden, können wir den Raum hinter den Schmerzen nicht mehr sehen. Darum ist es notwendig, über die Schmerzen hinaus zu gehen. Wir helfen unseren Patienten dabei, manchmal mit Hilfe einer inspirierten Visualisation. Das ist eine Visualisation, die durch den Kontakt mit der Quelle spontan entsteht, also nicht ausgedacht, sondern empfangen wird. Solche Visualisationen sind immer sehr gut auf den Patienten abgestimmt. Das ist wichtig, denn jeder Mensch hat eine eigene Tür, die an seinen Schmerzen vorbei führt. Wenn wir uns mit unserer Quelle verbinden, wird uns diese Tür durch Worte und Bilder bewusst gemacht.

Eine andere Methode besteht darin, den Patienten nach Erinnerungen zu fragen, bei denen es um große Liebe geht. Wir denken dabei weniger an große Verliebtheit – denn diese ist oft nach außen gerichtet –, sondern eher an Erfahrungen mit dem inneren Bereich. Viele Menschen kennen diesen inneren Bereich durch Kontakte mit der Natur: die große Freude im Herzen beim Betrachten der aufgehenden Sonne, die tiefe Stille im Schnee, das innere Glück in der Natur.

Wir bitten den Patienten, an den Erinnerungen vorbei zur Erfahrung zu gehen: Fühlen Sie, wie Sie damals fühlten. Wir helfen ihm, dieses Erlebnis so tief und intensiv wie möglich zu fühlen. Danach untersuchen wir gemeinsam, wie er diesen Bereich soeben betreten hat. Wo ist seine Tür zu dieser Dimension? Erkennt er diese Tür wieder? Wie ist er früher in diesen Raum gelangt? Kann er das jetzt wiederholen?

Anschließend ist es wichtig, dem Patienten zu erklären, dass diese Dimension immer erreichbar ist. Man braucht sich dafür nicht auf einen Berg zu setzen und den Sonnenuntergang zu bewundern. Solche Naturereignisse sind nur Auslöser. Die Kunst besteht darin, den Raum ohne äußere Auslöser zu betreten. Anfangs können wir unsere Erinnerungen als Auslöser benutzen, später lassen wir den Auslöser los und betreten den Raum mit Hilfe unseres inneren Willens. Das ist natürlich ein spiritueller Wille, nicht das „Haben-Wollen“; denn im letzteren Fall lösen wir niedere Schwingungen aus und können uns deshalb nicht auf die höheren einstimmen.

Es gibt verschiedene Möglichkeiten festzustellen, ob der Patient tatsächlich mit diesem größeren Raum in seinem Inneren Kontakt hatte. Wir können ihn fragen, wie er sich fühlt. Wenn er ruhiger, friedlicher, harmonischer ist, wissen wir, dass die Verbindung gelungen ist. Oft sagen die Patienten auch, dass sie zwar noch dieselben Schmerzen spüren, diese aber erträglicher sind. Andere Beschreibungen sind zum Beispiel: „Ich fühle mich geborgen“ oder „Ich habe innerlich mehr Platz“.

Man kann auch intuitiv wahrnehmen, ob der Patient mit seiner spirituellen Dimension in Kontakt war. Das setzt natürlich eine gut entwickelte

Hellsichtigkeit voraus. Eine dritte Möglichkeit ist der kinesiologische Test. Bei dieser schönen Technik zeigt der eigene Körper dem Patienten, ob er sein Ziel erreicht hat oder nicht.

Wenn es dem Patienten nicht gelingt, sein spirituelles Herz zu erreichen, sollte man versuchen, ihm zu helfen. Entscheidend dabei sind die Fähigkeiten des Therapeuten. Mit kinesiologischen Tests können wir beispielsweise herausfinden, wie groß das Vermögen eines Menschen ist, in diese Dimension zu gelangen. Diese Methode beschreiben wir an anderer Stelle ausführlich. Danach untersuchen wir, wie wir die Fähigkeiten des Patienten erweitern und vertiefen können. Dafür genügt bisweilen eine einzige Sitzung; in anderen Fällen ist ein längerer Prozess erforderlich.

Blütenessenzen[6] sind kraftvolle Helfer bei der Entwicklung des Menschen. Sie enthalten nur feinstoffliche Schwingungen, aber keine Inhaltsstoffe. Man kann sie also ohne Bedenken neben anderen Arzneien anwenden, auch um bestimmte Fähigkeiten zu erweitern. Außerdem können wir prüfen, welche Essenz den Kontakt mit der spirituellen Dimension fördert. Solche Essenzen können wir auf verschiedene Weise aussuchen. Am bekanntesten ist die klinische Methode, zumindest bei Therapeuten, die nur Bachblüten verwenden. Sie wählen die Essenz anhand der Symptome aus. Eine andere Methode ist die intuitive Auswahl; manche Therapeuten geben ihr den Vorzug. Wir testen Essenzen kinesiologisch, denn auf diese Weise kann ein Therapeut, der sein Handwerk versteht, die geeignete Essenz zuverlässig finden.

Wir bitten den Patienten, ein paar Tropfen der Essenz einzunehmen. Wenn sie wirklich die richtige ist, unterstützt sie den Gang in die spirituelle Dimension spürbar.

Sobald der Patient gelernt hat, wie er diese Dimension erreichen kann, ist der Rest eine Frage der Disziplin. Die emotionale Ebene ist verlockend und vertraut; sie kann den Patienten zurück ins alte Verhaltensmuster ziehen. Darum muss er aufrichtig mit sich selbst kommunizieren. Was will ich im Leben? Wie will ich mich fühlen? Wenn er mit dem Rauchen aufhören möchte, muss er eine klare Entscheidung treffen und sie ständig erneuern. Das Gleiche gilt, wenn ein Mensch nicht länger einsam und verlassen sein will. Nur wenn er sich immer wieder neu für das Licht entscheidet, kann er die Macht der Dunkelheit und der Einsamkeit nach und nach verringern.

Es ist eine Entziehungskur. In einer Therapie kann es sinnvoll sein, darauf ständig zurückzukommen, um die Lichtkraft des Patienten zu stärken.

Für den Therapeuten ist es sehr nützlich, wenn er sich mit seinem spirituellen Herzen verbindet. Dadurch wird er zu einer Lichtquelle und zeigt sich selbst den Weg zur Quelle. Darum ist es so wichtig, dass er jede Möglichkeit nutzt, um dieses Licht in sich scheinen zu lassen. Wenn er diesen Weg geht, ist er ein lebendiges Vorbild für seine Patienten. Er beweist ihnen, dass sie tatsächlich in Liebe mit sich verbunden sein können. Dieses Beispiel ist überzeugender als alle Worte.

Die Tür zur größeren Welt öffnen

Spiritualität ist der Weg nach innen. Dieser Weg beginnt, wenn wir an der materiellen Welt vorbeigehen. Für viele Menschen ist das ein unbekanntes Gelände. Sie haben keine Vorstellung von der Welt hinter der Materie, und sie wissen nicht, warum sie hier auf Erden sind. Sie kennen auch die feinstofflichen Verbindungen nicht, die zwischen ihnen und ihrer Umwelt bestehen. Deshalb stehen sie außerhalb der Wirklichkeit. Sie sind Teil eines Ganzen, ohne etwas darüber zu wissen. Wie können wir diesen Menschen helfen, die schroffe Trennung zwischen der materiellen Welt, in der sie leben, und der großen, unsichtbaren Welt, mit der sie verbunden sind, etwas erträglicher zu machen? Wie können wir ihnen helfen, die Tür einen Spalt zu öffnen, um Interesse, Staunen und Neugier auszulösen? Vielen hilft es, wenn sie die andere Welt erfahren dürfen. Dafür gibt es sehr viele Methoden. Die Folgenden stammen aus unserer Praxis.

KINESIOLOGISCHE TESTS

Wenn wir kinesiologisch testen, üben wir sanften Druck auf die Handgelenke aus, während die Arme nach vorne gestreckt sind. Wird ein Patient zum ersten Mal getestet, erklären wir ihm diesen Test. Wir bitten ihn, an etwas Unangenehmes zu denken, und testen dann die Armmuskeln: Sie sind schwach. Dann bitten wir ihn, an etwas Schönes zu denken. Diesmal sind die Armmuskeln stark. Wir brauchen also nur an etwas zu denken, um unsere Muskeln zu schwächen oder zu stärken. Wir können den Patienten auch bitten, sich vorzustellen, dass er zuerst eine, dann zwei Tassen Kaffee trinkt, und ihn dann testen. Nach der zweiten Tasse werden seine Armmuskeln schwächer – obwohl er sich alles nur vorstellt. Wir können auch einen Schritt weiter gehen und eine Frage stellen, die der Patient nicht versteht. Dennoch gibt der Muskeltest eine korrekte Antwort! Offenbar spricht er eine andere Bewusstseinsebene an als die alltägliche. Wir können sogar testen, während wir an die Frage denken.[7] In diesem Fall erhalten wir die gleiche Antwort, wie wenn wir die Frage laut stellen. Während wir denken, gibt der Patient durch seine Muskelspannung die Antwort, ohne dass ein Wort gesprochen wird. Wenn ein Kind zu klein für den Test ist, können wir seine Mutter testen, die mit ihm feinstofflich verbunden ist. Wenn wir uns innerlich auf das Kind einstimmen, können wir an den Armen der Mutter genau feststellen, was das Kind von bestimmten Dingen hält. Das verdeutlicht, dass wir mehr sind als Knochen und Muskeln. Wenn wir so mit Menschen arbeiten, öffnen wir ihr Bewusstsein für eine Dimension, die größer ist als die materielle Welt, und das ermutigt sie, ihre bisherige Weltsicht zu überprüfen. Das geschieht meistens, wenn wir unseren Patienten erklären, was wir tun.

Systemorientierte Arbeit

Manche systemorientierten Methoden zeigen sehr schön, wie wir untereinander verbunden sind. Ein weiteres Beispiel aus der Praxis möge das illustrieren:

Die zweijährige Martha ist unruhig und quengelig. Ständig will sie an die Brust der Mutter. Wir testen kinesiologisch, ob die Mutter etwas mit dem Verhalten des Kindes zu tun hat. Dabei stellen wir fest, dass die Blütenessenz Wilde Zichorie Marthas Verhalten beeinflussen kann. Diese Bachblütenessenz ist bei Egozentrik angezeigt. Sie fördert die Entwicklung der Mütterlichkeit und der selbstlosen Liebe. Wir fragen, ob diese Arznei für das Kind oder für die Mutter bestimmt ist, und es stellt sich heraus, dass die Mutter sie braucht. Sie nimmt zwei Tropfen ein, und innerhalb von zwei Minuten ist Martha ruhig. Später sitzt sie auf dem Schoß der Mutter und schmiegt sich vertrauensvoll an sie. Während der gesamten Therapie bleibt das Kind ruhig.

Martha ist unruhig, ihre Mutter bekommt die Arznei, und das Kind wird ruhig. Die Kleine ist noch sehr eng mit ihrer Mutter verbunden; sie ist ein wenig so wie die Mutter. Wenn die Mutter sich verändert, dann verändert sich auch Martha. Sobald die Blütenessenz in der Mutter schwingt, nimmt das Kind die heilende Schwingung auf. Auch die Mutter öffnet sich der Arznei. Martha und ihre Mutter sind ein schönes Beispiel dafür, wie eng Menschen auf einer unsichtbaren Ebene miteinander verbunden sind. Wenn wir mit Kindern arbeiten, stellt sich übrigens oft heraus, dass die Eltern Hilfe brauchen, um ihr Gleichgewicht zu finden. Dann ist auch dem Kind geholfen. Ein kinesiologischer Test ist hier sehr nützlich.

Das Beispiel von Martha und ihrer Mutter illustriert das systemorientierte Arbeiten. Es geht um eine Familie: Eltern und Kinder. Aber jeder Mensch ist Teil größerer Systeme. Eines dieser Systeme umfasst die Vorfahren väterlicher- und mütterlicherseits. Jeder Mensch ist unsichtbar mit diesen

Ahnen verbunden. Es handelt sich um eine feinstoffliche Verbindung, die viel weiter geht als die physische Vererbung. Manchmal belegt der Test, dass ein Angehöriger der älteren Generation behandelt werden muss, um einen Patienten schnell zu heilen. Wir testen dann, um welche Generation es sich handelt und welche Korrektur notwendig ist. Das kann eine Blütenessenz sein, aber auch eine der vielen Methoden der Kinesiologie, die Ungleichgewichte beseitigen.

Die Generationslinie ist ein wichtiges Konzept. Wenn Sie ein Kind zeugen, hat dieses Kind eine Eigenheit: die Erfahrungen seiner Seele, seine starken und schwachen Seiten. In den ersten Lebensjahren atmet das Kind noch größtenteils in der Mutter und im Vater. Es lebt also so, wie die Eltern leben. Ist die Mutter ängstlich, erlebt das Kind diese Angst mit. Beiläufig sei erwähnt, dass das Kind mitunter stärker ist als die Mutter oder der Vater – es hat in früheren Leben bestimmte Lektionen so gründlich gelernt, dass es sich durch Ungleichgewichte in den Eltern nicht aus der Ruhe bringen lässt. Doch oft ist das Kind auf die Eltern eingestimmt und lernt ähnliche Lebenslektionen. Dann hat es die Aufgabe, sich im Laufe der Jahre von dem zu lösen, was seine Eltern ihm mitgegeben haben. Manchen Kindern gelingt das, anderen nicht. Bisweilen nimmt auch das Ungleichgewicht im Kind zu. Es wächst heran, wird Vater oder Mutter und gibt seine Probleme an sein Kind weiter. Dann arbeiten drei Generationen am gleichen Thema: der Erwachsene, seine Eltern und seine Kinder. Und wenn wir weiter in die Zukunft blicken, liegt es nahe, dass die Enkel ebenfalls betroffen sein können.

Wir können aber auch Schritt für Schritt in der Zeit zurückgehen und vielleicht feststellen, dass alle Generationen am gleichen Thema arbeiten. Wir können die Generationslinie als Tretmühle betrachten, in der wir stecken. Das Thema wird jeweils an die nächste Generation weitergereicht. Wer kann dieser Tretmühle entrinnen? Wer kann das Thema bewältigen? Derjenige, dem es gelingt, hat etwas für sich selbst, für die nachfolgenden und für die vorangegangenen Generationen getan, die feinstofflich mit ihm verbunden sind. Wenn ein Mensch diese Lektion lernt, strahlt sie bis zu den früheren und künftigen Generationen durch. Manchmal merken wir während einer Therapie, wie groß der Druck der Generationen ist. Das ist vor allem dann der Fall, wenn die Linien der Mutter und des Vaters daran beteiligt sind. *Nehmen wir die Lebensangst als Beispiel. Wenn sie in beiden Linien ein Thema ist, haben viele Generationen damit gelebt. Wie kann ein Kind dann leben lernen? Wie kann es seiner großen Unwissenheit über das Leben abhelfen? Wenn das Kind erwachsen wird und Hilfe sucht, ist es nützlich, sich der Generationenlinie bewusst zu werden. Dann versteht der junge Mensch, dass seine Lebensangst nicht nur von ihm stammt, sondern auch von vielen Ahnen. Von diesem Druck muss er sich lösen. Er muss begreifen, dass er dieser Druck nicht ist. So entkommt er der Tretmühle.*

Spirituelle Bücher lesen

Es gibt einen Schatz von Büchern, die Erleuchtete oder Menschen mit mystischen Erfahrungen geschrieben haben. Viele Bücher wurden über Nahtoderlebnisse und Kontakte mit Engeln geschrieben. Solche Bücher geben uns Einblicke in die größere Welt, *weil die Autoren die größere Welt erfahren haben.* Für Menschen, die noch nicht imstande sind, in die größere Welt zu schauen, bieten diese Bücher die einzigartige Gelegenheit, ihre Grenzen zu überschreiten. Wer ein spirituelles Buch liest, erwirbt Wissen über die andere Welt und wird während des Lesens sogar ein wenig auf eine höhere Wissensebene gehoben; denn alles, womit wir in Berührung kommen, beeinflusst uns. Diese Bücher wurden auf der Basis einer höheren Weisheit geschrieben und öffnen uns daher die Augen für die höhere Quelle des Wissens in uns selbst. Wir können solche Bücher auch als eine Art Hilfe vor dem Schlafengehen benutzen. Das bloße Lesen dieser Bücher öffnet uns für die höhere, reinere Dimension. Wenn wir dann einschlafen, gelangen wir fast von selbst in eine reinere Sphäre. Darum ist es so wichtig, den Tag mit etwas Schönem und Heiligem abzurunden.

19 Das egozentrische und das große, dienende Ich

Angenommen, Sie hätten kein Ich … Dann wären Sie niemand. Sie wären diffus. Es bestünde kein Unterschied zwischen Ihnen und Ihrer Umgebung. Sie könnten nichts lernen, weil es kein lernfähiges Ich gäbe. Der freie Wille wäre sinnlos, denn es wäre niemand da, der sich entscheiden könnte. Der gesamte Entwicklungsweg zur Quelle wäre hinfällig, denn ohne Ich gibt es keine Entwicklung.

Das scheint dem zu widersprechen, was man immer wieder in den Zeitschriften des New Age lesen kann: dass der Mensch sich nur weiterentwickeln kann, wenn er sein Ich loslässt. In diesem Kapitel erklären wir, dass es nicht darum geht, das Ich über Bord zu werfen, sondern darum, es zu entwickeln und auf eine höhere Ebene zu heben. Ohne Ich kann sich unserer Meinung nach kein Mensch entwickeln.

Das egozentrische Ich

Das Zentrum des Ichs im Menschen liegt im Bauch. Auf der feinstofflichen Ebene ist es das Sonnengeflecht, also das Hauptchakra am Nabel. Dieses Chakra reguliert die Ich-Kraft des Menschen und gibt ihnen die Möglichkeit, nein zu sagen, wenn sie nein sagen wollen, um sich von anderen abzugrenzen. Geschieht das nicht, leben wir kein Leben unserer Wahl, sondern ein Leben nach der Wahl anderer.

Wie wichtig das Sonnengeflecht ist, sieht man an den Opfern eines sexuellen Missbrauchs. Zu ihnen hat jemand gesagt: Dein Wille ist unerheblich; du tust, was ich will. Mit anderen Worten: Dein Ich hat kein Existenzrecht. Diesen Menschen fällt es als Erwachsene oft schwer, Grenzen zu ziehen, egal in welchem Bereich. Manchmal wissen sie kaum, dass es so etwas wie Grenzen gibt. Sie halten sich ständig in der Energie anderer Leute auf und lassen andere ständig in ihre Energie eindringen; das heißt, sie ziehen keine klaren Grenzen und haben wenig Ich-Kraft. Das Sonnengeflecht ist bei ihnen oft unvollständig entwickelt und nicht im Gleichgewicht, es kann weder seelisch noch energetisch für gesunde Grenzen sorgen. Nehmen wir nun einmal an, das Sonnengeflecht sei stark. Manchmal ist es vor allem mit dem Bauch verbunden und hat wenig oder gar keinen Kontakt mit dem Herzen. Im Bauch befinden sich vor allem die Emotionen. Wird das Sonnengeflecht nicht vom Herzen gesteuert, regiert die begrenzte Wahrheit des Bauches. Dann leben wir auf der Basis einer begrenzten Wahrheit. Wir kennen unser eigenes Herz nicht, sondern nur unseren Bauch. Und der Bauch rät uns immer, unseren eigenen Interessen den Vorrang zu geben, ohne das größere Ganze zu sehen. Wir haben dann nicht den Wunsch, dem Ganzen zu dienen, sondern sind egozentrisch.

Was geschieht, wenn das Herz über das Ich regiert? Kann der „kleine Tyrann" dann noch existieren? Gehen wir von einem Herzen aus, das wirklich liebt. Dieses Herz muss über das Ich hinaus sehen; es ist unmöglich, dass es nur an sich denkt. Dieses Herz gibt, es lebt vom Geben, weil dies sein natürlicher Zustand ist. Wenn dieses Herz das Ich regiert, gibt es kein egozentrisches Ich mehr. Das Ich wird zum Diener, zum *großen Ich* – nicht im Sinne von „aufgeblasen", sondern wahrhaftig groß. So ein Ich strahlt und bleibt dennoch äußerst bescheiden. Das sehen wir bei den größten Menschen auf Erden: Sie sind die Bescheidenheit selbst. Gandhi war dafür ein gutes Beispiel.

Das dienende Ich ist stark und rein. Es ist ein direkter Weg zu Gott, weil Gott Liebe ist und der Weg zu Gott ebenfalls Liebe ist. Die großen Religionen kennen den unermesslichen Wert des Dienens und weisen immer darauf hin, dass es der Weg zu Gott ist. Wie können wir dienen? Wir müssen im Interesse des größeren Ganzen handeln. Dann wissen wir tief im Inneren, dass es keine separaten Teile gibt, sondern dass alle Menschen, Tiere, Pflanzen und Mineralien mit Gott verbunden sind. Wir spüren, dass wir der größeren Welt dienen wollen. Und wenn wir aus Liebe dienen, erreichen wir immer ein höheres Bewusstsein. Dann handeln wir aus unserer Quelle heraus, und darum gibt unser Handeln uns enorme innere Freude und Kraft.

Die göttliche Dimension des Menschen wird im Westen oft Wesenskern genannt. Im Osten spricht man von der Seele. Beide Begriffe meinen eine Bewusstseinsebene, auf der es keine Dualität mehr gibt. Dies ist die tiefste Quelle in uns. Wir alle sind auf dem Weg zu dieser Quelle, und wir können sie nur über die Dualität erreichen, weil wir in der Dualität leben. In der Quelle gibt es weder ich noch du, denn dies sind Begriffe der Dualität. Wenn wir an der Quelle angekommen sind, löst das Ich sich auf – früher darf es sich nicht auflösen, weil wir sonst im anderen aufgehen, und dadurch verlieren wir Zeit auf dem Weg nach Hause und müssen leiden. Nein, wir müssen dienen, weil das dienende Ich vom Prinzip der Liebe geleitet wird. Das Prinzip der Liebe steht so weit über der Dualität, wie es in der dualen Welt möglich ist. Es ist die Essenz Gottes und deshalb der Weg zu Gott.

20 Der Wert des emotionalen Ausdrucks

Wir wissen nun, dass ungezügelte Emotionen keine Entwicklung auslösen, sondern Stillstand oder gar schwere Rückschläge verursachen. Sind Emotionen demnach wertlos? Um diese Frage geht es hier.

Katharsis

Frau Sander hat vor einigen Jahren ihr Kind verloren. Seither ist sie wie versteinert. Sie lebt wie ein Roboter, ohne Liebe, aber auch ohne Tränen. Das Leben geht an ihr vorbei. Wir bitten sie, tief im Herzen zu atmen. Das fällt ihr anfangs schwer, denn ihr Herz ist geschlossen. Doch nach einigen Minuten atmet sie allmählich tiefer. Dann beginnt sie zu weinen, immer heftiger. Nach zehn Minuten wird sie ruhiger. Jetzt lebt sie wieder.

Körperorientierte Therapeuten erleben es häufig, dass Patienten, deren Gefühle erstarrt sind, plötzlich heftige Emotionen ausdrücken. Der Damm, der jahrelang gehalten hat, bricht plötzlich, und die Emotionen brechen als Sturzflut durch. Diesen emotionalen Ausbruch nennen wir *Katharsis*. Es kann Kummer sein wie bei Frau Sander, aber auch Wut oder Angst. In solchen Situationen ist der emotionale Ausbruch meist heilend. Was geschieht dabei? Ein Mensch hat ein Trauma erlebt und nicht verarbeitet, oft deshalb, weil er darauf nicht angemessen reagiert hat. Wir hören in unserer Praxis immer wieder, dass ein Patient als Kind einen Bruder oder eine Schwester verloren hat und dass die Familie darüber nicht reden wollte. Das Kind musste seine Gefühle einfrieren, aber Jahre später, wenn es erwachsen ist, kommen die Schmerzen ans Licht. Das kann in einer Therapie, aber auch anderswo geschehen. Der hervorbrechende Schmerz kann das alte Trauma auflösen, sofern der Betroffene richtig darauf reagiert. Manchmal reagiert er nur emotional, das heißt, er schleudert seine Emotionen nach außen, ohne wirklich Kontakt mit ihnen aufzunehmen. In diesem Fall muss man ihm helfen, nach innen zu gehen, an der Angst vor Gefühlen vorbei. Dann geschieht immer das Gleiche: Der Mensch wird ruhig. Was unannehmbar schien, wird annehmbar. Was unerträglich war, ist jetzt erträglich. Das ist die Folge tiefer, heilender Gefühle.

Bei tief sitzenden Traumen können befreite Emotionen hilfreich sein. Der Prozess fördert die Entwicklung der Seele jedoch erst, wenn das emotionale Abreagieren tiefen, starken Gefühlen Platz macht. So lernen wir am gründlichsten.

Im Körper gespeicherte Emotionen

Wenn wir etwas erleben, was wir nicht fühlen wollen, womit wir keinen inneren Kontakt aufnehmen wollen, erteilen wir dem Körper unbewusst den Befehl, die Gefühle zu blockieren. Je stärker der Wunsch ist, nichts zu fühlen, desto nachdrücklicher ist der Befehl. Der Körper hat mehrere Möglichkeiten, den Auftrag auszuführen, zum Beispiel:

- Muskelkrämpfe. Sie verhindern den Ausdruck der Gefühle. Der Energiestrom in diesem Gebiet wird unterbrochen.
- Falsche Atmung. Darüber haben wir bereits ausführlich gesprochen.
- Blockierte Organe. Wenn ein Organ verkrampft, spüren wir es nicht mehr so deutlich.
- Blockierte Chakras. Zum Beispiel kann sich das Kehlchakra schließen, damit wir Gefühle nicht mehr mit Worten äußern können.
- Getrennte Verbindungen. Bekannt ist die Verbindung zwischen der rechten und linken Gehirnhälfte. Wenn diese gestört ist, sind Fühlen und Denken schlechter verbunden – wir können denken, ohne zu fühlen. Aber was einst eine Lösung war, wird später zur Gefühlsarmut.
- Verkrampfung des Zwerchfells, um den Strom der emotionalen Energie vom Bauch zum Herzen zu blockieren.
- Versteifte Gelenke verhindern ebenfalls den Ausdruck von Emotionen.

Angesichts all dieser Wirkungen scheint es am besten zu sein, Emotionen möglichst schnell zu äußern: Sofort wütend werden, schreien, auf den Boden stampfen und die Tür zuknallen. Aber warum haben sich diese Emotionen im Körper festgesetzt? Weil wir außerstande waren zu fühlen. Weil wir keinen Kontakt zum eigentlichen Problem aufnehmen konnten. Vielleicht haben wir es nie gelernt, vielleicht hatten wir nicht den Mut. Entscheidend ist, dass wir nicht nach innen gegangen sind. Eine Emotion ist nach außen gewandt, ohne gleichzeitige Bewegung nach innen. Nun sieht es so aus, als entstünde bereits durch das „Speichern" von Emotionen im Körper ein Schaden. Aber Schaden entsteht auch, wenn wir Emotionen ungehemmt ausdrücken. Die betroffenen Organe werden dadurch energetisch erschöpft und reagieren dann schwächer. Die Sinne, die mit den Organen verbunden sind, leiden schwer darunter. Beispielsweise sind die Nieren mit den Ohren verbunden, und wer ständig Angst hat, belastet die Nieren und die Ohren. Die Ohren erhalten dann zu wenig Energie von den Nieren. Wer immer wütend ist, belastet Leber und Galle und die mit ihnen verbundenen Augen. Die Augen leiden dadurch mehr, als wenn man seine Wut im Zaum hält. Am stärksten wird wohl das Herz geschädigt. Denn wer seine Emotionen immer nach außen schleudert, kann nicht nach innen gehen. Wie kann sein Herz sich dann entwickeln? Wie kann er lieben lernen? Wie kann er sich überhaupt entwickeln, wenn er nicht den Mut hat zu fühlen? Das zügellose Ausdrücken von Emotionen kann auch der Seele schaden, weil wir uns nicht trauen zu sein, was wir wirklich sind, sondern ständig vor uns weglaufen. Wir können dadurch auch Karma aufbauen, weil unsere emotionalen Ausbrüche anderen schaden.

Gefühlsarmut oder Emotionalität

Manche Menschen fühlen nicht. Sie kennen keine Emotionen. Sie sind leer und *gefühlsarm*. Wer wenig fühlt, ist manchmal neidisch auf Menschen, die emotional sind. „Diese Leute leben", denkt der Gefühlsarme, wenn er die Funken fliegen sieht. Vielleicht will er dann so emotional werden wie die anderen und ebenfalls alles nach außen werfen. Er begreift nicht, dass sehr emotionale Menschen im Grunde ebenfalls gefühlsarm sind, denn auch sie gehen nicht nach innen, sondern schleudern alles nach außen. Der gefühlsarme Mensch wird reicher, wenn er fühlen lernt, nicht indem er emotional wird.

21 Das Anliegen des Patienten

Patienten haben ganz verschiedene Wünsche an den Therapeuten. Jeder Therapeut weiß, dass die zuerst geäußerte Bitte durchaus nicht die wichtigste sein muss. Manchmal traut sich der Patient nicht, seinen wahren Wunsch zu äußern. Andere Patienten wissen selbst nicht, warum sie gekommen sind, oder sie können ihr Anliegen nicht in Worte fassen und äußern daher einen „einfacheren“ Wunsch.

Wenn ein Mensch zu uns kommt, nehmen wir an, dass er uns dank einer inneren Führung aufsucht. Es gibt ein tieferes Wissen, das an der Oberfläche nicht sichtbar ist, und dieses tiefere Wissen schließt auch den Grund für die Therapie ein.

Heute Nachmittag besuchte uns ein Ehepaar. Der Mann und die Frau wollten einen Teil der Therapie allein absolvieren, bei den Sitzungen des/der anderen aber anwesend sein. Wir begannen mit dem Mann und prüften zunächst, ob wir wirklich mit ihm allein arbeiten sollten. Der Test zeigte klar und deutlich, dass er ein Beziehungsproblem lösen wollte. Danach machten wir den Test mit der Frau und kamen zum gleichen Ergebnis. Es wurde eine schöne und intensive gemeinsame Therapie!

Warum ist es so wichtig, am eigentlichen Thema zu arbeiten und nicht mit dem, was scheinbar auf der Hand liegt? Jeder Patient weiß in seinem Inneren, warum er kommt und was er braucht, um sich weiterzuentwickeln. Es wäre unsinnig, dieses Wissen nicht zu nutzen. Wenn der Therapeut nicht testen kann, sollte er versuchen, den Patienten so tief wie möglich nach innen gehen zu lassen.

Wenn wir nicht am eigentlichen Thema arbeiten, sondern an einem anderen, lenken wir den Patienten von dem Problem ab, das für ihn jetzt am wichtigsten ist. Unser Motto lautet daher: *zum Kern vordringen.*

Das Anliegen positiv formulieren

Den Patienten geht es immer um Probleme, die sich nicht lösen können. Die klassische Therapie beginnt stets mit einer ausführlichen Schilderung des Problems. Dafür werden manchmal mehrere Sitzungen benötigt. Lohnt es sich, dafür so viel Zeit zu opfern? Was wissen wir eigentlich, wenn wir das Problem definiert haben? Wissen wir dann, wie der Patient weiterkommt? Oft wissen wir es nicht. Der Grund für die eingehende Problemanalyse ist ein medizinisches Modell: Man nimmt an, dass es für gleiche Probleme gleiche Lösungen gibt. In diesen Rahmen passt auch die übliche psychiatrische Klassifizierung. Wenn wir wissen, in welche Kategorie der Patient fällt, finden wir das richtige Medikament oder die richtige Behandlung in derselben Schublade. Außerdem wissen wir dann aufgrund statistischer Untersuchungen, wie wahrscheinlich eine erfolgreiche Therapie ist. Unserer Erfahrung nach wird dieser Ansatz der Komplexität des Menschen nicht gerecht, und sein Potenzial wird nicht genutzt. Wir interessieren uns vielmehr für das Potenzial eines Patienten als für seine derzeitigen Schwachpunkte. Wenn wir ihm helfen können, seine Möglichkeiten zu nutzen und zu entwickeln, kann er mit seinen Problemen ganz anders umgehen. Dies illustriert das folgende Beispiel.

Peter klagt anfangs über eine sexuelle Störung. Als wir beim Test fragen, ob wir wirklich an diesem Thema arbeiten sollen, lautet die Antwort „nein". Wir fragen Peter, ob er sein eigentliches Problem kennt. Es verneint. Daraufhin bitten wir ihn, nach innen zu gehen und herauszufinden, warum er hier ist. Einige Zeit später sagte er: „Ich will lernen, mein Herz für eine Frau zu öffnen." Als wir ihn erneut testen, bestätigt sich, dass dies in der Tat sein Thema ist.

„Das Herz für eine Frau öffnen" ist ein positives Ziel, ein Potenzial, das Peter entwickeln möchte. In diesem Beispiel wird übrigens der Zusammenhang mit dem zunächst geäußerten Anliegen deutlich: Wenn Peter lernt, eine Frau zu lieben, erscheint das sexuelle Problem in einem ganz anderen Licht und er hat eine viel bessere Grundlage, um selbst daran zu arbeiten – sofern das Problem dann noch existiert!

Wir können das bisher Gesagte auch als Frage formulieren: Sprechen wir den kranken oder den gesunden Teil des Patienten an? Wo besteht mehr Bewegungsspielraum? Wo ist eine Entwicklung möglich? Im kranken Teil sitzen wir fest. Es ist eine sinnvolle Strategie, am kranken Teil vorbei zum gesunden zu gehen.

Es ist also wichtig, über das zunächst geäußerte Anliegen hinaus zum eigentlichen Problem vorzudringen. Dazu müssen wir die tiefere Ebene des

Patienten ansprechen, zum Beispiel mit Hilfe von kinesiologischen Tests. Unser Ansatz zielt weniger darauf ab, was falsch ist, sondern mehr darauf, was sich entwickeln lässt.

Wenn klar ist, was man am besten entwickeln kann, untersuchen wir, wie das zu bewerkstelligen ist. Manchmal müssen wir dann einen Blick in die Vergangenheit werfen, um die Ursache des Problems zu finden und seinen Druck zu lindern. Kinesiologische Tests fördern diesen Prozess. Sobald der Stress abgebaut ist, bieten sich neue Möglichkeiten des Verhaltens an. Auch dabei kann die Kinesiologie helfen.

An der Oberfläche oder darunter arbeiten

Man kann an das Anliegen auch auf eine andere Weise herangehen. Das Anliegen, mit dem der Patient zu uns kommt, ist nicht mehr als ein lokales Symptom, unter dem sich ein größeres Problem verbirgt. Wie ist dieses Problem entstanden? Es war die Antwort auf eine bestimmte Situation und bot die Möglichkeit, mit der Situation umzugehen. Der Betroffene nutzte dabei die Mittel, die ihm damals zur Verfügung standen. Inzwischen ist einige Zeit vergangen, und die Situation hat sich verändert. Trotzdem hält der Patient starr an der alten Lösung fest, die zu einem Charakterzug, vielleicht sogar zu einem körperlichen Symptom geworden ist. Mögliche Symptome sind beispielsweise Atem- und Kreislaufbeschwerden oder Verspannungen. In diesem Fall ist die Strategie eindeutig falsch, weil sie Probleme nicht löst, sondern auslöst.

Womit müssen wir uns nun befassen – mit den sichtbaren Beschwerden oder mit dem Verhaltensmuster, das ihnen zugrunde liegt? Wenn wir uns auf die Symptome beschränken, bleibt das Muster sehr wahrscheinlich erhalten. Müssen wir dieses Muster genau analysieren, oder können wir uns sofort auf die erwünschte Strategie konzentrieren? Das hängt davon ab, welche Möglichkeiten der Therapeut besitzt und ob er sich mit der Strategie anfreunden kann. Manchmal ist doch eine Analyse des tiefer liegenden Problems notwendig. Andernfalls suchen wir sofort nach einer Lösungsmöglichkeit und umgehen das erstarrte System. Wenn die neue Strategie wirkt, löst die Erstarrung sich oft von selbst.

Funktionelle Störungen

Wie bereits erwähnt, suchen wir nach einer besseren Strategie, um ein Problem zu lösen, wenn die alte Strategie falsch war. Aber ein Problem kann auch funktioneller Art sein. Wenn wir es dann „lösen", entstehen daraus neue Probleme. Dieses Phänomen ist auch in der Naturheilkunde bekannt: Das körperliche Symptom verschwindet an der Oberfläche, setzt sich aber tiefer im Körper fest. Ein Beispiel dafür ist die Behandlung von Hautkrankheiten bei Kindern mit Hormonsalben. Die Kinder bekommen dadurch Atembeschwerden. Das hört sich sonderbar an, aber im energetischen Kreislauf des Körpers sind Haut und Lunge eng verbunden.

Simone ist sechs Jahre alt. Sie macht einen verschlossenen Eindruck. Ihre Mutter ist eine harte, grimmige, egozentrische Frau. Simone kann ihr nichts recht machen und bekommt ständig Vorwürfe zu hören. In dieser Lebensphase braucht Simone ihren „Panzer" – er schützt sie vor dem Grimm ihrer Mutter. Würden wir Simone helfen, ihnen Schutzschild jetzt aufzulösen, würde ihr das nur schaden. Simone muss erst lernen, für ihre Rechte einzutreten; aber das dauert bei einer Sechsjährigen recht lange!

Wir müssen also immer prüfen, ob es jetzt angebracht ist, ein Problem zu lösen.

22 Der Wert des Einblicks in frühere Leben

Manche Patienten wollen unbedingt etwas über ihre früheren Leben erfahren, und auch einige Therapeuten legen darauf großen Wert. In diesem Kapitel erörtern wir die Vor- und Nachteile dieses Ansatzes.

Für Menschen, die zum ersten Mal Einblick in ein früheres Leben bekommen, ist dieses Erlebnis oft eine Offenbarung – es ist, als werde ein Vorhang weggezogen. Die Überzeugung, dass es ein Leben nach dem Tod gibt, ist plötzlich viel stärker. Das macht diese Erfahrung vielleicht am wertvollsten, vor allem auch, weil das Spirituelle in unserer Zeit so wenig Beachtung findet. In anderen Kulturen ist die Wiedergeburt so selbstverständlich wie 1 + 1 = 2. Dort brauchen die Menschen solche Erfahrungen nicht. Bei uns ist das ganz anders. Die spirituelle Entwicklung ist ein Weg, den wir nur gegen den Strom der Gesellschaft gehen können.

Für Patienten ist es bisweilen nützlich, wenn sie die große Linie sehen, damit sie verstehen, warum sie hier und jetzt leben, warum sie diese Mutter und diesen Vater haben und warum ein bestimmtes Problem sie plagt. Meist lassen sich Probleme jedoch innerhalb des Rahmens lösen, den das jetzige Leben vorgibt. Das ist kein Wunder, denn wir leben ja dieses Leben und müssen die Probleme von „damals" heute lösen, auch wenn sie in neuem Gewand auftreten. Wenn wir heute ein Problem lösen, ist damit auch das Problem aus dem früheren Leben gelöst.

Die Rückkehr in frühere Leben ist mit einigen klaren Risiken verbunden: Wir können damit vergangene Existenzen „aktivieren". Manchmal werden dabei Probleme ans Licht gebracht, die wir in diesem Leben gar nicht angehen sollen. Das ist natürlich nicht der Sinn einer Therapie. Wir wollen ja keine Probleme hervorrufen, sondern Probleme lösen. Bei labilen Patienten ist das sogar gefährlich. Wir haben schon Patienten behandelt, die nach solchen Therapien an einer Psychose erkrankt waren.

Es ist nicht einfach, Informationen über frühere Leben zu beschaffen. Es ist sogar sehr schwer, mit Hilfe einer Regressionstherapie zuverlässige Informationen zu gewinnen. Wir haben schon viele Menschen behandelt, die behaupteten, sie wären in einem früheren Leben hohe geistliche oder weltliche Führer gewesen. Wenn man all die Marias, Pharaos und Hohepriester zählen würde … Wir müssen also nüchtern, zurückhaltend und bescheiden bleiben. Das ist oft schwierig, denn die Informationen, die bei der Regression ans Licht kommen, werden häufig zu wörtlich genommen. Wie kann man Traum, Wunsch und Fantasie damals und heute von der Wirklichkeit unterscheiden? In der Regressionstherapie ist die Intensität der Emotion ein wichtiges Kriterium. Aber auch das ist ein schmaler Grat. Heftige Emotionen treten bei manchen Menschen auch unabhängig von einem Thema auf. Sie leben sich in die Rolle im früheren Leben ein, und die Folge sind Tränen, Wut oder Angst.

Kenntnisse über frühere Leben sind nicht immer für das jetzige Leben wichtig. Trotzdem sind die Menschen daran sehr interessiert. Die Frau, die glaubt, eine ägyptische Priesterin gewesen zu sein, empfindet Stolz. Aber was bedeutet dieses Leben *jetzt*? Wie hat sie sich in ihren nächsten Existenzen entwickelt? Ist sie wirklich gewachsen? Welche Entscheidungen hat sie getroffen? Nur was von damals ins heutige Leben durchstrahlt, kann jetzt noch wichtig sein; denn es gehört zu den Bausteinen des jetzigen Lebens. Für unser jetziges Leben ist wichtig, was wir jetzt haben, nicht, was wir vor Tausenden von Jahren getan haben. Bescheidenheit gegenüber dem jetzigen Leben ist also angebracht; sie schützt uns vor allerlei Fantasien über bedeutsame Existenzen, die es nie gegeben hat. Wir müssen akzeptieren, was wir heute sind.

Manche Leute bestehen nicht nur darauf, in einem früheren Leben berühmt gewesen zu sein, sondern haften auch noch an diesem Leben – sie wollen lieber damals leben als heute. Einige Leute sammeln frühere Leben, wie andere Briefmarken sammeln. Unserer Meinung nach ist dies nicht der Sinn der Therapie, weil es nicht das Wachstum fördert, sondern zum Stillstand führt und Karma vermehrt.

Wir möchten in einer Therapie das tun, was dem Patienten am meisten dient. Wir arbeiten also an dem Thema, das für ihn am wichtigsten ist. Darum testen wir immer, ob das Thema, das wir für wichtig halten, für die ganze Person wirklich das dringendste ist. Dann arbeiten wir daran mit Methoden, die für den Patienten am wirksamsten sind, und wir testen auch diese Methoden kinesiologisch. Wir sind erfahrene Therapeuten und therapieren meist gemeinsam. Im Laufe der Jahre haben wir eine Menge Wissen und Fertigkeiten erworben, um Menschen helfen zu können. Aber was ist die beste Methode für diesen Menschen in diesem Augenblick? Es gibt nicht *eine* Methode, die immer und für jeden richtig ist. Darum müssen wir aus den vielen Möglichkeiten auswählen, die uns zur Verfügung stehen. Sobald wir das Thema kennen, überlegen wir, wie wir damit arbeiten können, und testen das kinesiologisch. Manchmal stellt sich heraus, dass Hellsichtigkeit am besten weiterhilft. Wenn der Test das sagt, richten wir uns danach. Gelegentlich, nur gelegentlich erhalten wir dabei Informationen über frühere Leben. Diese Informationen sind meist beschränkt, nur in seltenen Fällen sind sie umfangreich. Das verdeutlicht, wie man mit früheren Leben arbeiten kann. Es ist bezeichnend, dass wir Informationen über frühere Leben nicht immer bekommen. Sie sind nur ab und zu das beste Eingangstor für einen bestimmten Patienten zu einer bestimmten Zeit. Zum Schluss testen wir die Informationen über frühere Leben, die wir hellsichtig empfangen haben, damit der Patient weiß, ob sie echt sind oder nicht. Darauf hat er ein Recht.

Viele Menschen setzen Einblicke in frühere Leben mit Spiritualität gleich. Sie glauben, solche Informationen seien der Weg zum Licht. Aber spirituell sein bedeutet, auf dem Weg zur Quelle sein. Spiritualität ist der Weg des Lichts und der Liebe. Wenn wir mit großer Liebe in ein früheres Leben schauen, ist das spirituell. Dann können wir zu diesem Leben auch Abstand gewinnen und mitfühlend sein. Dies ist die Kraft der Liebe. Oft ist jedoch keine Rede von Abstand, sondern vom Haften an früheren Leben, und Emotionen nehmen den Platz des Mitgefühls ein. Die Arbeit mit früheren Leben kann an Bedeutung gewinnen, wenn die spirituelle Dimension Teil der Methode ist.

Regression

Unter Regression verstehen wir die Rückführung in eine frühere Lebensphase oder in ein früheres Leben. Letzteres haben wir bereits behandelt; darum möchten wir hier auf die Rückführung in die Jugend, eingehen und dabei vor allem den sexuellen Missbrauch erörtern.

In unserer Praxis sehen wir häufig Menschen, die behaupten, sie seien sexuell missbraucht worden. Viele haben allerdings jede Erinnerung daran verloren. Eltern, Geschwister und andere Verwandte, die darauf angesprochen werden, wissen ebenfalls nichts. Woher also wissen diese Patienten, dass sie missbraucht wurden? Durch die Regressionstherapie. Dabei lässt man in einer leichten Hypnose Bilder, Erinnerungen und Emotionen aufsteigen. Der Therapeut hilft dem Patienten, das bewusst zu machen, was seiner Meinung nach wichtig ist. Manche Therapeuten hören mehr zu, andere greifen öfter ein. Bei diesen Therapien stellen sich irgendwann Erinnerungen an einen Missbrauch ein. Der Therapeut versucht dann, diese Erinnerungen so weit wie möglich nach oben zu holen, zum Beispiel dadurch, dass er es den Patienten neu durchleben lässt.

Warum taucht dieses Thema bei Regressionen so oft auf? Zunächst müssen wir darauf hinweisen, dass es äußerst schwierig ist, eine Regression richtig zu lenken. Dafür braucht man viel Erfahrung und Sachkunde. Das Problem ist nun, dass jeder Therapeut, der mit Regression arbeitet, bisweilen sehr greifbare Ergebnisse bekommt. Es kann zum Beispiel sein, dass körperliche Beschwerden verschwinden, nachdem ein Trauma durch Regression verarbeitet wurde. Angesichts so eindrucksvoller Resultate ist es schwer, bei der Wahrheit zu bleiben. Zudem haften viele Therapeuten an Emotionen, weil diese ihrer Meinung nach den Erfolg der Therapie beweisen – viele Emotionen sind ein Zeichen für eine tiefe Wirkung ihrer Arbeit, glauben sie. Man braucht viele Jahre Erfahrung, um zu merken, dass die Dinge noch so einfach liegen.

Natürlich wird in unserer Gesellschaft seit etwa zwanzig Jahren auch oft über sexuellen Missbrauch gesprochen. Vorher war das kaum oder gar nicht üblich. Diese Offenheit ist an für sich berechtigt, weil Missbrauch etwas Schreckliches ist. Aber die Gesellschaft und die Therapeuten sind in ihrem Bestreben, jeden Fall sexuellen Missbrauchs aufzuspüren, fast übereifrig geworden. Sie sind nicht mehr kritisch genug. Wir müssen echten Missbrauch von Fantasien unterscheiden.

In unserer Gesellschaft ist die Sexualität pervertiert. Die Menschen suchen Sex ohne Liebe und interessieren sich für alles Abartige. Das können wir jeden Abend im Fernsehen erleben und in zahllosen Büchern und Zeitschriften lesen. Die Sucht nach Perversitäten hat unseren Geist verwirrt, und unreine Bilder haben sich in uns festgesetzt. Das fördert reine Gedanken natürlich nicht, und in der Regression können unreine Bilder auftauchen, weil unsere Sexualität nicht mehr mit Liebe einhergeht. Auch der Umstand, dass zahlreiche Therapeuten so großen Wert auf dieses Thema legen, beweist, dass viele von ihnen sehr sexuell orientiert sind. Manchmal müssen wir eine Menge Unreinheit abarbeiten. Wir dürfen nicht vergessen, dass der Patient und der Therapeut in Therapien dieser Art sehr eng miteinander verbunden sind und teilweise die gleiche feinstoffliche Wellenlänge haben. Deshalb übermitteln sie einander Botschaften. Wenn der Therapeut an einen möglichen Missbrauch denkt, greift der Patient diesen Gedanken sofort auf, und auch sein Geist wendet sich dem Thema Missbrauch zu. Wenn der Therapeut sich innerlich darauf konzentriert, kann das die Bilder und „Erinnerungen" des Patienten stark beeinflussen.

Wenn ein vermeintlicher Missbrauch in der frühen Kindheit während einer Regression auftaucht, ist das für den Patienten ein Anlass, sein Leben unter die Lupe nehmen. Er weiß, dass ein Missbrauch verschiedene Beschwerden hervorrufen kann, und auf einmal hat alles, was ihm im Leben missglückt ist, eine klare Ursache: den Missbrauch. „Alle Teilchen des Puzzles passen zusammen!", seufzt er erleichtert. Selbst wenn es keinen Missbrauch gegeben hat, glaubt der Patient, dort liege die Ursache seiner Misserfolge. Die Ursache liegt in der äußeren Welt, und er kann nichts daran ändern. Er ist das Opfer. Der Therapeut wird ihm dann erklären, es sei sehr schwierig und koste sehr viel Zeit, einen Missbrauch in den frühen Kinderjahren zu verarbeiten. Nun ist der Patient weit vom rechten Weg entfernt: Er hat die falsche Ursache „entdeckt", ist selbst nicht mehr verantwortlich und weiß von vornherein, dass er nicht viel tun kann.

Das alles zeigt, dass wir mit der Diagnose „Missbrauch in der frühen Jugend" sehr vorsichtig umgehen müssen. Der Schaden, der bei einer Fehldiagnose entsteht, geht aber noch weiter. Denn was geschieht, wenn wir eine Patientin davon überzeugen, dass sie tatsächlich missbraucht wurde? Die Patientin sammelt einige Sitzungen lang Mut und geht dann zu ihren Eltern, um sie mit den „Tatsachen" zu konfrontieren. Ihr Vater hat sie sexuell missbraucht. Gibt er es zu? Hat die Mutter davon gewusst? Nein? Das kann nicht sein, sie muss es gewusst haben. Also hat meine Mutter mich im Stich gelassen. Die Beziehung zwischen den Eltern und dem Kind ist sehr bald zerrüttet – oft für immer, denn solche Anschuldigungen reißen tiefe Wunden. Anschließend geht die Patientin zu ihren Geschwistern. Was wissen sie vom Missbrauch? Unterstützen sie die Eltern oder das Opfer? Auch hier werden tiefe Wunden geschlagen. Mit wem sollen die Geschwister – die sich ja an nichts erinnern – sich solidarisieren? Vielleicht „erinnert" sich die Patientin auch an einen Missbrauch durch den Bruder, und die ganze Familie fällt über ihn her.

Wir haben in den letzten Jahren nicht nur einen, sondern viele Patienten beraten, die genau das durchgemacht haben. Es ist für alle Betroffenen äußerst peinlich, auch für den Patienten. Darum ist es sehr wichtig, mit diesem Thema sorgfältig umzugehen.

Die eigene Verantwortung bei sexuellem Missbrauch

Sexueller Missbrauch ist ein sehr heikles Thema für Betroffene. Manchmal ist der Schaden sehr groß. Es ist nicht einfach, den wirklichen Lektionen des Missbrauchs ins Auge zu sehen. Dennoch ist es im Rahmen der spirituellen Therapie notwendig, auch deshalb, damit der Missbrauch sich nicht wiederholt. Darum müssen wir uns durchbeißen und der Wahrheit ins Gesicht schauen.

Wir erleben es in unserer Praxis immer wieder, dass Frauen behaupteten, jemand habe sie als Pubertierende missbraucht, und in der Therapie stellte sich dann heraus, dass sie an den sexuellen Handlungen selbst beteiligt waren. Die junge Frau hat den (jungen) Mann beispielsweise herausgefordert oder verführt; sie hat zweideutige Signale ausgesandt; sie war neugierig; sie wollte ihre Macht über Männer testen; sie wurde von sexueller Erregung überwältigt. So geht es bisweilen im Leben. Diese jungen Frauen schreckten nachträglich vor dem, was geschehen war, zurück und schämten sich ihrer eigenen Initiative. Sie fürchteten, schwanger zu werden, oder sie wurden tatsächlich schwanger. Aus diesen Gründen änderten sie die Geschichte;

sie schoben ihren eigenen Beitrag in den Hintergrund und den Beitrag des Mannes ins Scheinwerferlicht: Er hat mich missbraucht. Ich wollte nicht. Diese Lüge ist für die junge Frau eine große Belastung, weil die Lüge ein Eigenleben führt. Die Frau führt das Leben einer Missbrauchten und schiebt auch als Erwachsene vieles, was ihr misslingt, auf den Missbrauch. Was geschieht, wenn das eigene Verschulden dieser Frau in der Therapie aufgedeckt wird? Wenn es ihr gelingt, ihre Scham zu überwinden, ist sie erleichtert und befreit. Dann kann sie Verantwortung übernehmen und mit ihrer Sexualität freier umgehen. Jetzt kann sie herausfinden, wie sie sich tief im Inneren gegenüber dem Mann verhalten will. Das gibt Kraft. Was dieses Thema anbelangt, hat sie an Reinheit gewonnen.

Beatrice ist 24 Jahre alt. In ihrer Pubertät wurde sie vergewaltigt, Ihre Menstruation war immer gestört. In der Therapie wird deutlich, dass sie eine erhebliche Mitschuld an der angeblichen Vergewaltigung trägt. Von da an hat sie eine regelmäßige Menstruation.

Aber nicht nur provozierende junge Frauen werden sexuell missbraucht. Manchmal sind auch Kinder das Opfer. Ein zwei oder drei Jahre altes Kind kann sich nicht herausfordernd verhalten wie eine Sechzehnjährige. Und selbstverständlich werden auch Mädchen und Frauen missbraucht, die den Täter nicht im Geringsten provoziert haben. Dennoch zeigt sich in der Therapie, dass auch diese Frauen etwas mit dem Missbrauch zu tun haben. Zunächst fällt es ihnen schwer, das zu akzeptieren, vor allem, wenn die Erinnerung noch ganz frisch ist. Darum möchten wir vorab zwei Punkte klarstellen, damit wir nicht missverstanden werden: *Sexueller Missbrauch darf niemals schöngeredet werden. Jeder Mensch hat die Pflicht, seine Triebe zu beherrschen. Der Täter ist immer zu hundert Prozent für die Tat verantwortlich und kann seiner Verantwortung nicht entfliehen. Dafür sorgt die kosmische Reinheit.*
Wenn wir sagen, dass ein Kind nicht zufällig missbraucht wird, so bedeutet das nicht, dass es sich auf der persönlichen Ebene bewusst für den Missbrauch entschieden hat. Wir verstehen aber, dass der Missbrauch eine der Lebenslektionen dieses Menschen ist, und empfinden tiefes Mitgefühl für ihn.

Alles, was wir erleben, fällt unter unsere eigene Regie. Daran lassen die weisen spirituellen Quellen keinen Zweifel. Regie bedeutet hier aber keine aktive Entscheidung des Geistes. Es ist viel komplizierter, bestimmt viel komplizierter, als wir ahnen. Dennoch wollen wir versuchen, den Sachverhalt etwas verständlicher zu machen.

Alles, was wir in früheren Leben mitgemacht haben und an dem wir noch haften, begegnet uns in diesem Leben oder in künftigen Existenzen wieder, damit wir uns davon lösen können. Denn erst wenn wir nicht mehr daran haften, haben wir es losgelassen. Alles, womit wir emotional oder mental verbunden sind, steht also auf dem Arbeitsplan unseres Lebens. Das ist einer der Gründe, warum manche Menschen sexuell missbraucht werden.

Ein weiterer, zum Teil damit verknüpfter Grund ist, dass die Seele im Zwischenleben die Lektionen ihres irdischen Lebens plant. Sexueller Missbrauch kann eine dieser Lektionen sein – denn wir leben ja in der Dualität. Eine Seele, die extreme Lieblosigkeit erfährt, wird dadurch angespornt, die andere Seite zu erforschen: Liebe.

Missbrauch hat sicherlich auch etwas damit zu tun, dass der Mensch sich seiner Aufgabe auf Erden nicht wirklich bewusst ist. Der Vater ist der Vater, das Kind ist das Kind. Wenn ein Vater sich seiner Rolle vollständig bewusst ist, kann er sein Kind nie und nimmer missbrauchen.

Für die Therapie ist es sehr wichtig, das Wesen des Missbrauchs zu verstehen. Wir möchten dieses Wesen in tiefe, paradoxe Worte fassen:

Wer bin ich, so dass mir das nie wieder passiert?

Wenn ein Mensch wirklich begreift, wer er ist, kann ihn niemand mehr missbrauchen. Das ist eine wichtige spirituelle Erkenntnis. Die Essenz des Menschen ist Liebe, Gottesbewusstsein. Und je mehr dieses Bewusstsein in ihm wächst, desto mehr Liebe zieht er an. Wer in Liebe mit sich selbst verbunden ist, kann hinsichtlich seiner Sexualität nicht gespalten sein.

Eine Einschränkung ist jedoch unumgänglich: Auf dem Weg zum Licht ziehen wir auch die Dunkelheit an. Das ist ebenfalls ein kosmisches Gesetz. Je größer das Licht, desto heftiger wird es angegriffen. Darum müssen wir *immer* wachsam sein. Das Licht darf nie unbewacht bleiben. Dafür brauchen wir viel innere Kraft und den Mut, den Kampf mit der Dunkelheit aufzunehmen. Diese Prozesse spielen sich in unserer sichtbaren Welt ebenso ab wie in unserer unsichtbaren Welt und in der Astralwelt. Wenn wir nicht für unser Licht kämpfen, können wir überrumpelt werden. Der Missbrauch ist dafür nur ein Beispiel. Die Fähigkeit, für das Licht zu kämpfen, ist in jeder Seele unterschiedlich entwickelt. Auch ein reines kleines Kind, dessen Seele noch nicht die Kraft zum Kampf hat, kann missbraucht werden. Kämpfen lernen ist dann die große Aufgabe dieses Menschen, auch als Erwachsener. Einerseits ist das ein sehr mühsamer Umweg, weil das Kind seelisch so schwer verletzt wurde, dass es fast nicht mehr kämpfen kann. Andererseits ist dieses Erlebnis eine sehr deutliche Aufforderung der Seele: Werde wach, sonst gehst du unter. Kämpfe!

Die Reise zu unserem Kern ist lang, und die Entwicklung des Lichts in uns dauert ebenfalls lange. Patienten müssen diese Entwicklung verstehen. Viele Menschen betrachten solche Prozesse als vorübergehend, als etwas, was sie jetzt tun müssen, weil sie ein Problem haben, worauf sie aber zum Glück verzichten können, sobald das Problem gelöst ist – dann kann das „normale Leben" weitergehen. In Wahrheit ist das ganze Leben eine Schule. Jede Sekunde unseres Lebens verbringen wir in der Schule. Dort lernen wir, bewusst zu werden. Das ist eine Seinsweise, eine Lebensweise, die von uns verlangt, das Leben ständig zu beobachten. Wir werden nicht bewusst, indem wir in den Tag hinein leben, sondern indem wir wohl durchdachte Entscheidungen treffen. Wenn wir im Leben schlafen und nur am Rand leben, entwickeln wir uns nicht, wachsen wir nicht hin zum Licht. Entscheidungen, die wir nicht bewusst treffen, sondern nur aus Gewohnheit, können schlimme Folgen haben und den Lebenszyklus unnötig verlängern. Einerlei, was wir mitmachen, wir müssen unsere Lektionen lernen. Darum ist das gesamte Leben eine Schule.

Wie bereits erwähnt, verlangt der Weg nach innen Wachsamkeit, weil die Dunkelheit sonst das Licht in uns überwältigen kann. Wir müssen unterscheiden lernen zwischen dem, was uns zum Licht bringt, und dem, was uns in die Dunkelheit führt. Manchmal ist das offenkundig. Wenn mich jemand auffordert zu stehlen, weiß ich, dass ich dadurch in die Dunkelheit gehen würde. Aber die Dunkelheit ist nicht immer so gut erkennbar. Um herauszufinden, was gut und was schlecht ist, müssen wir nach innen gehen. Dort liegt die Wahrheit. In unserem Inneren sind wir imstande, alle Menschen zu durchschauen. Selbst mit geschlossenen Augen sehen wir, wer der andere ist und was er beabsichtigt. Wir brauchen uns durch die verlockende Außenseite nicht ablenken zu lassen. Denken Sie daran, dass die Dunkelheit oft schön verpackt ist, damit wir sie für das Licht halten. In unserem Inneren kann uns niemand verführen; dort ist Wahrheit.

Wie erreichen wir diese Wahrheit? Wir wenden uns nach innen, wir suchen nicht Emotionen, parteiische Stimmungsmacher, auch nicht unruhige Gedanken, denen die Wahrheit ebenfalls fremd ist, sondern die Ruhe im Herzen. Dort finden wir Liebe und Wahrheit. Auf der tiefen Ebene des Herzens wissen wir immer, was der Liebe und was der Lieblosigkeit entspringt. Wenn wir diese Ebene betreten, erfahren wir auf die eine oder andere Weise die Wahrheit: Wir wissen, fühlen, hören oder sehen sie. Manche Menschen fühlen die Wahrheit und wissen, was das bedeutet. Sie sehen Bilder und fühlen dabei. Andere hören und fühlen. Um diese Ebene zu erreichen, müssen wir ebenfalls eine Entwicklung durchmachen und vor allem fühlen lernen.

23 Die Ernährung – ein unentbehrlicher Teil der spirituellen Entwicklung

Es besteht ein unmittelbarer Zusammenhang zwischen dem, was wir essen, und dem, was wir sind. Nahrung kann uns aufbauen oder auflösen. Sie kann uns den Weg zum Licht oder zur Dunkelheit zeigen und unsere Entwicklung beschleunigen oder hemmen. Darum ist die Ernährung so wichtig für alle Menschen, die im Leben vorankommen wollen.

In unserer Gesellschaft stellen wir zwei Anforderungen an das Essen: Es soll gut schmecken und gesund sein. Was schmeckt uns am besten? Leider meist das, was uns aus dem Gleichgewicht bringt. Das müssen wir zuerst verstehen, wenn wir etwas über gesunde Ernährung lernen wollen. Denken Sie an Kaffee, Schwarztee, Alkohol und Tabak. Alle wissen, dass sie uns schaden, dennoch werden sie „genossen". Es sind Reizstoffe, die süchtig machen. Wenn wir sie nicht mehr zu uns nehmen, leiden wir an Entzugserscheinungen. Nach drei Zigaretten, kurz hintereinander geraucht, sind wir bereits körperlich abhängig, und die Sucht hat begonnen. Um die unangenehmen Entzugssymptome zu vermeiden, trinken wir eben noch eine Tasse Kaffee oder noch einen Schnaps oder rauchen noch eine Zigarette. Und es wirkt! Wir fühlen uns danach tatsächlich besser. Das dürfen wir dem Körper nicht übel nehmen. Er versucht nur, irgendwie mit Substanzen fertig zu werden, die ihm schaden.

Das Gleiche gilt für viele andere Stoffe. Fabrikzucker belastet den Organismus stark. Künstliche Süßstoffe sind ebenfalls gefährlich, wobei Aspartam am schlimmsten ist. Manche Zusatzstoffe sind zwar in der EU erlaubt, aber der Körper kann sie schlecht verarbeiten. Limonaden werden absichtlich so hergestellt, dass sie süchtig machen – das kurbelt den Absatz an. Fast niemand kann Schokolade gut vertragen, aber sie enthält anregende Substanzen und gibt scheinbar Energie.

Alle diese Nahrungsmittel stören unser Gleichgewicht. Wir neigen dann eher zu Emotionen als zu Gefühlen, und die Gedanken fließen eher aus dem niederen mentalen Bereich als aus dem hohen mentalen. Wir haben keinen Zugang mehr zu unserem feinstofflichen Körper. Das alles führt dazu, dass wir falsche Entscheidungen treffen und uns falsch verhalten. Das Licht in uns wird schwächer, wenn wir essen, was nicht gut für uns ist.

Es gibt Nahrungsmittel, die gut für uns sind, und solche, die uns schaden. Die westliche Gesundheitspflege kümmert sich nur um den Einfluss des Essens auf den materiellen Körper. Dieser Blickwinkel ist zu eng. Nahrung muss nicht nur den materiellen Körper instandhalten, sondern auch den feinstofflichen *und* die Seele. Was nur den materiellen Körper ernährt, ist wertlos. Wie wollen wir unsere Kinder großziehen? Wollen wir nur ihren materiellen Körper wachsen sehen, oder wollen wir ihnen helfen, starke, selbstbewusste Menschen zu werden, die ihre Aufgabe im Leben kennen und dafür die Verantwortung übernehmen? Unsere Gesellschaft meint, nur der materielle Körper müsse ernährt werden und der feinstoffliche Leib sowie die Seele seien unwichtig. So geht man in unserer Zeit mit der Nahrung um.

Wer herausfinden will, wie die Ernährung unsere Entwicklung nachhaltig und positiv beeinflussen kann, muss auf fast unbekannten Pfaden wandeln. Im Osten ist der Zusammenhang seit langem bekannt. Ayurveda, die traditionelle Heilkunst, an die mehr als eine halbe Milliarde Hindus glauben, betrachtet die Nahrung als Fundament der geistigen Entwicklung und als deren Voraussetzung. Es gibt viele detaillierte Anleitungen, die uns zeigen, wie Nahrungsmittel eine gleichmäßige spirituelle Entwicklung fördern können. Im Westen hat vor allem Rudolf Steiner den Zusammenhang zwischen Ernährung und geistiger Entwicklung erforscht. Er begründete die biologisch-dynamische Landwirtschaft, um Nahrungsmittel zu erzeugen, die Lebenskraft enthalten und den ganzen Menschen – auch den Energiekörper und die Seele – stärken.

Befindet sich der Körper im Ungleichgewicht, hat er Appetit auf Nahrungsmittel, die das Ungleichgewicht aufrechterhalten. Zum Kaffee rauchen wir eine Zigarette. Zur Zigarette gehört ein Schnaps. Zur Cola passen Chips. Darum ist es schwer, sich richtig zu ernähren, wenn man aus dem Gleichgericht geraten ist. Wenn ein Gleichgewicht besteht, ist das Bedürfnis nach schädlichen Nahrungsmitteln viel geringer. Das ist bei Kindern am auffälligsten: Wenn sie essen, was sie brauchen, verlangen sie keine Süßigkeiten mehr. Dann sind sie gut ernährt und finden wertloses Zeug nicht mehr verlockend.

Ernährung und Verhalten hängen ebenfalls zusammen. Wenn unser Verhalten uns keine Erfüllung bringt, haben wir Appetit auf Nahrungsmittel, die uns aus dem Gleichgewicht bringen. Kinder, die viel fernsehen, wollen beispielsweise Cola und Chips – das Fernsehen allein befriedigt sie nicht. Was ein Mensch isst, zeigt oft, wie er sich fühlt. Je besser wir uns innerlich fühlen, desto eher essen und trinken wir, was gesund ist.

Ein spiritueller Therapeut sollte über gesunde Ernährung Bescheid wissen, damit er seine Patienten aufklären kann. Wir müssen der Ernährung wieder die Bedeutung einräumen, die sie verdient, denn richtige Ernährung ist unentbehrlich für Menschen, die auf dem Weg zu ihrem Selbst sind.

24 Die Therapie

Die Therapie, die eine gewisse spirituelle Note haben soll, setzt eine bestimmte Einstellung des Therapeuten gegenüber sich selbst und seinem Patienten voraus.

Die richtige Einstellung

Die Grundlage der Therapie ist die innere Haltung des Therapeuten. Einige Aspekte dieser Haltung haben wir bereits besprochen.

Der Therapeut muss die Freiheit des Patienten bedingungslos respektieren.

Das hört sich ganz einfach an, aber der Satz schließt bei jedem Therapeuten eine ganze Welt der Entwicklung ein. Therapeuten wollen helfen. Oft können sie das Leid ihrer Mitmenschen nicht ertragen. Manche können es auch schwer ertragen, dass Patienten so „dumm" sind und sich selbst und ihre Familie in große Schwierigkeiten bringen. Aber Freiheit ist die Voraussetzung für eine spirituelle Therapie. Ein Mensch kann sich nur entwickeln, wenn er frei ist. Deshalb hat der Patient ein Recht auf seine eigenen Entscheidungen und seine eigenen Fehler.

Der Patient ist selbst für seine Entwicklung verantwortlich.

Diese Grundregel der spirituellen Entwicklung ist eine unmittelbare Folge der Freiheit. Der Patient kann sich frei entscheiden, aber er ist auch für seine Entscheidungen und deren Folgen verantwortlich.

Der Therapeut muss Mitgefühl für seinen Patienten empfinden.

In der spirituellen Therapie begegnet der Therapeut dem Patienten vom großen Herzen aus. Das große Herz ermöglicht es ihm, den eigenen Weg des Patienten als Teil seiner Entwicklung zu respektieren. Es stellt keine Forderungen, das heißt, es steht bedingungslos hinter ihm. Dieses Mitgefühl gibt dem Patienten die Sicherheit, die er braucht, um sich selbst zu erforschen.

Das Aufnahmegespräch

Beim Aufnahmegespräch versuchen wir herauszufinden, worum es geht. Der Patient hat ein Problem und fasst es in Worte. Der Therapeut stellt Fragen, um weiter zu kommen und tiefer zu dringen. Er versucht, Verbindungen mit der Vergangenheit zu knüpfen. Wie war die Jugend des Patienten? Hat er Traumen hinter sich? Wie geht er mit sich selbst um? Versteht er, was vor sich geht? Kann er sich selbst beurteilen? Kann er sich ändern? Was hält er von einer Änderung? Hat er (auch) medizinische Probleme? Wird er ärztlich behandelt? Wirkt die Behandlung? Nimmt er Medikamente oder Drogen, trinkt er viel Alkohol? Wie lebt er: allein, mit einem Partner, mit Kindern? Ist er stark genug für eine Therapie?

Schon im ersten Gespräch müssen wir in die Tiefe gehen. Wir stellen gezielte Fragen und nutzen unsere Intuition. Das setzt große Erfahrung voraus. Nicht jeder Therapeut kann gut, klar und tief intuitiv wahrnehmen. Wer es nicht kann, ist auf Worte angewiesen. Er bleibt dann mehr auf der äußeren Seite, weil er weniger zwischen den Worten lesen kann. Aber erst die Wahrnehmung des Menschen hinter seinen Worten gibt dem Gespräch Tiefe und ermöglicht ein Vordringen zum Kernproblem. Ein intensives Aufnahmegespräch dauert bei uns etwa eine halbe Stunde. Wer nicht intuitiv wahrnehmen kann, sollte sich mehr Zeit nehmen.

Das Anliegen des Patienten

Mit dem Anliegen des Patienten haben wir uns bereits beschäftigt. Darum gehen wir hier nur auf einige weitere Aspekte ein.

Das Anliegen, das der Patient formuliert, ist der Teil des Problems, dessen er sich bewusst ist. Oft ist es auch ein Teil dessen, was ihm große Sorgen bereitet. Sein Leiden ist der Grund dafür, dass er zu uns kommt. Allerdings ist sein formuliertes Anliegen nicht immer das Problem, das ihn zu uns führt. Das manifeste Problem, wie der Patient es erlebt, ist nur die Spitze des Eisberges. Unter Wasser spielt sich alles ab, was nicht sofort sichtbar ist. Auch diesen Teil müssen wir untersuchen. Um zu erklären, wie man das macht, müssen wir zuerst ein fundamentales Konzept beschreiben, das unlöslich mit der spirituellen Therapie verbunden ist, in der konventionellen Therapie aber vernachlässigt wird.

Jeder Patient besitzt ein höheres Bewusstsein, das genau weiß, warum er uns konsultiert. Es kennt alle Probleme des Patienten; es weiß, wie er an ihnen arbeiten kann; und es kennt den Therapeuten und weiß, was der Patient in diesem Augenblick seines Lebens gemeinsam mit dem Therapeuten erreichen kann. Das höhere Bewusstsein weiß, wie der Mensch sich entwickeln kann; es weiß, was schief gegangen ist, und kennt den Grund dafür. Es weiß auch, was entwickelt werden muss, um das grundlegende Problem zu lösen. Damit haben wir einen entscheidenden Punkt erreicht: Das höhere Bewusstsein kennt das Problem in all seiner Tiefe und Breite. Aber es weiß auch etwas, was viel wichtiger ist als das Problem selbst: Es weiß, was der Patient entwickeln muss, damit das Problem überflüssig wird und sich daher auflöst. Wir können also die Bitte um Hilfe positiv umformulieren: Was muss entwickelt werden? Spirituelle Hilfe zielt somit auf Entwicklung ab und nutzt das Potenzial des Patienten. Jetzt sehen wir das Problem aus einem ganz anderen Blickwinkel. Es ist nicht mehr so schwer und erscheint uns nicht mehr unlösbar. Das gibt dem Patienten Mut, Hoffnung und Kraft.

Wie können wir das höhere Bewusstsein „konsultieren"? Es gibt mehrere Möglichkeiten. Die Erste ist das intuitive Wahrnehmen. Der Therapeut stimmt sich mit Zustimmung des Patienten auf dessen höheres Bewusstsein ein und fragt nach dem Anliegen. Die Antwort erhält er durch die intuitiven Kanäle, die bei ihm entwickelt sind; das heißt, er weiß, fühlt, hört oder sieht die Antwort. Oft kommt die Antwort auf mehreren Kanälen zugleich: Der Therapeut sieht sie und weiß, dass sie richtig ist, oder er hört sie, und gleichzeitig fließt ihm ein umfassendes, ganzheitliches Wissen über das Problem zu. Es ist nicht einfach, höhere Informationen klar und neutral wahrzunehmen. Das setzt eine lange Entwicklung voraus. Darum sollten wir mit intuitiven Erkenntnissen bescheiden und zurückhaltend umgehen.

Eine ganz andere Methode ist der kinesiologische Test. Damit kann man direkte Informationen vom höheren Bewusstsein empfangen, vorausgesetzt, man ist neutral und stellt sachkundige Fragen. Mit dem Pendel ist es prinzipiell ebenfalls möglich, diese Quelle im Patienten zu erreichen. Auch das setzt Fachkunde und innere Klarheit voraus, über die längst nicht jeder Pendler verfügt.

Auch ohne intuitive Methoden, kinesiolgische Tests oder Pendel kann man über das formulierte Anliegen hinaus tiefer dringen. Nehmen wir ein medizinisches Problem als Beispiel. Mit Hilfe der Elektroakupunktur, der Mesologie oder des Vegatests können wir das gesamte System des Patienten in kurzer Zeit (während einer Sitzung) untersuchen. Dann wissen wir, welche Organe schwach oder stark sind, ob der Patient an Vitamin- oder

Mineralstoffmangel leidet und ob Bakterien, Viren, Pilze oder Parasiten beteiligt sind. Außerdem können wir eine kausale Hierarchie erstellen, also die tiefste Ursache des Problems ergründen. Wer lange krank ist, hat oft mehrere Symptome, und wenn wir ihn untersuchen, entdecken wir in seinen Systemen und Funktionen verschiedene Schwächen. Natürlich könnte man sich für jedes Teilproblem eine Lösung ausdenken und den Patienten mit einem Sack voller Tabletten nach Hause schicken. Aber sein Problem wäre damit nicht gelöst, denn die Symptome wurden nicht im Zusammenhang untersucht und behandelt. Wenn die Störung A zur Krankheit B und diese zum Symptom C führt, müssen wir die Störung A behandeln.

Manche Therapeuten suchen auf diese Weise nach der tiefsten körperlichen Ursache. Sie leisten gute Arbeit, zumindest auf der westlichen medizinischen Ebene. Andere untersuchen die feinstoffliche Ebene hinter den grobstofflichen, körperlichen Beschwerden. Sie gehen einen fundamentalen Schritt weiter. Dabei kann man sehr tief arbeiten, bis in die tiefen Schichten der Seele. Alle genannten Methoden sind dabei anwendbar. Oft ist die Wirkung sehr stark, wenn man sowohl Mittel für die Heilung des materiellen Körpers als auch Mittel gegen die tieferen feinstofflichen Störungen der Seele anwendet. Man kann also mit Hilfe eines Gerätes, dem notwendigen Wissen und reichlich Überlegung viel tiefer arbeiten als auf der Ebene der Beschwerden, die der Patient genannt hat. Dann wird der Patient auf einer fundamentalen Ebene geheilt.

Die Behandlung

Sobald wir wissen, warum der Patient uns aufgesucht hat, beginnen wir mit der Behandlung. Dafür gibt es ganz verschiedene Methoden, und es wäre daher sinnlos, unsere eigenen Verfahren zu beschreiben. Es geht eher darum, die Ausgangspunkte des spirituellen Handelns zu verstehen und sie in die Behandlung zu integrieren. Jeder macht das auf seine Weise, je nach seiner spirituellen Entwicklung und nach seiner Fachkunde. Dennoch möchten wir hier zwei besondere Hilfsmittel des spirituellen Therapeuten vorstellen: Blütenessenzen und homöopathische Arzneien.

Blütenessenzen und homöopathische Mittel

Die konventionelle Heilkunde, einschließlich der Psychologie und der Psychiatrie, kennt im Grunde nur chemische Medikamente. Das sind starke Mittel, die (sehr) schwere Nebenwirkungen haben und daher nur in Notfällen angebracht sind, also dann, wenn die Situation ohne sie nicht mehr beherrschbar wäre. Man denke zum Beispiel an schwere Depressionen, Psychosen, Panikattacken und schwere Schlafstörungen. Es ist bedauerlich, dass die Schulmedizin über diese starken Mittel nicht hinauskommt; denn es gibt so viele gute, natürliche Arzneien aus Pflanzen und Mineralien. Wenn solche Mittel richtig angewandt werden, sind ihre Nebenwirkungen meist gering, erst recht im Vergleich zu den Nebenwirkungen der harten chemischen Medikamente.

Die bekanntesten alternativen Heilmittel für seelische und emotionale Beschwerden sind homöopathische Arzneien. Man stellt sie her, indem man die Ausgangssubstanz in einer Flüssigkeit löst und nach einem bestimmten Verfahren verrührt oder schüttelt. Dadurch werden die feinstofflichen Eigenschaften der ursprünglichen Substanz auf das Lösungsmittel übertragen. Von dieser ersten Verdünnung wird eine sehr kleine Menge in eine relativ große Menge einer neutralen Flüssigkeit gegossen und erneut verrührt oder geschüttelt, bis die Energie vollständig übertragen worden ist. So geht es immer weiter. Diese Verdünnungen nennt man Potenzen. Irgendwann enthalten sie kein einziges Molekül der Ausgangssubstanz mehr, sondern nur noch die feinstoffliche Botschaft dieser Substanz. Für Ärzte ist diese Idee inakzeptabel, während die Menschen im Osten sie ganz natürlich finden, weil sie wissen, dass die energetische Dimension in der Schöpfung der grobstofflichen immer vorausgeht. Zuerst ist das Feinstoffliche da, und daraus entwickelt sich das Grobstoffliche. Das Grobstoffliche ist nichts anderes als die Verdichtung des Feinstofflichen. Durch das Potenzieren wird das Feinstoffliche vom Grobstofflichen befreit, und die Potenzen werden umso wirksamer, je mehr man sie verdünnt. Sie wirken dann auf den feinstofflichen Körper ein und beeinflussen das Denken, die Gefühle und die Spiritualität.

Homöopathische Arzneien können also etwas ganz Besonderes bewerkstelligen: Sie fördern die emotionale, mentale und spirituelle Entwicklung. Ihre Wirkung ist sehr spezifisch, weil die Ausgangssubstanzen sorgfältig ausgewählt werden. Man hat nämlich untersucht, welche Beschwerden eine bestimmte Substanz auslöst. Diese Stoffe wurden dann potenziert, also vom Grobstofflichen befreit. Wenn ein Mensch beispielsweise sehr ängstlich ist, suchen wir nach einem Mittel, das uns in unverdünnter Form ängstlich macht. Dieses Mittel geben wir ihm dann in potenzierter Form als Arznei.

Hahnemann, der Begründer der Homöopathie, nannte dieses Prinzip *similia similibus curentur* („Ähnliches heilt Ähnliches"). Beschwerden werden also durch homöopathisch verdünnte Substanzen geheilt, die im unverdünnten Zustand eben diese Symptome auslösen. Der potenzierte krank machende Stoff rüttelt uns wach, damit wir uns selbst heilen.

Homöopathische Mittel sind sehr wirksam, aber nicht leicht auszuwählen. Die Beschreibungen der Beschwerden sind komplex, und man braucht viel Wissen und Erfahrung, um das richtige Mittel in der richtigen Potenz zu verordnen. Bei Blütenessenzen ist das ganz anders. Sie werden normalerweise nicht potenziert[8] und haben einen anderen Wirkungsmechanismus als homöopathische Arzneien: Sie zeigen uns, wie wir unsere Probleme auf positive Weise lösen können. Es handelt sich um sanfte und doch sehr wirksame Mittel, die zahlreiche seelische Prozesse unterstützen und auch bei psychischen Störungen helfen, die schwer zu behandeln sind. Das gilt manchmal sogar für Babys, kleine Kinder und geistig Behinderte. Aber auch für Menschen, die sehr gut an sich selbst arbeiten können, sind Blütenessenzen vorzügliche Hilfsmittel, wenn Schwierigkeiten auftreten.

Essenzen sind einzigartig, weil sie unmittelbar auf Ebenen wirken, die häufig schwer zu erreichen sind. Denken Sie an die Seele und an das Unbewusste. Abschließend seien einige Themen genannt, bei denen Essenzen hilfreich sind:

Abschirmen der Aura
Inkarnationsprozess
Sich für die Liebe öffnen
Gleichgewicht zwischen Materialismus und Spiritualität
Tief fühlen lernen
Entwicklung der Intuition
Sterben

Eine Blütenessenz ist die feinstoffliche Essenz einer Blume, die in einem Medium schwingt, meist in einer Mischung aus Alkohol und Wasser. Wenn wir die Essenz einnehmen, schwingt sie in der Aura und teilt uns auf der energetischen Ebene mit, wer wir sein können. Wer eine zu offene Aura hat, erfährt von der Blütenessenz *Yarrow* (Schafgarbe), dass es besser ist, die Lücken zu schließen. Das ist aber nur ein Vorschlag, und es steht uns frei, ihn anzunehmen oder abzulehnen. Die Essenzen respektieren den freien

Willen und zwingen uns im Gegensatz zu chemischen Medikamenten nichts auf. Sie belehren uns nur. Das ist im Wesentlichen ein spiritueller Ansatz, weil der Mensch sich nur so entwickeln kann, und das ist ja seine Aufgabe auf Erden.

Sowohl homöopathische Arzneien als auch Blütenessenzen wirken auf der Ebene der Beschwerden. Denken Sie an einen Eisberg: Die Spitze (das Symptom) ist sichtbar, aber die Basis liegt unter Wasser und ist viel größer als das, was an der Oberfläche sichtbar ist. Hahnemann, und Bach, der Entdecker der Blütenessenzen, waren der Meinung, jedem körperlichen Symptom liege ein feinstoffliches Ungleichgewicht zugrunde. Wenn wir dieses Ungleichgewicht – den Teil des Eisberges, der unter Wasser liegt – beseitigen, verschwinden die Beschwerden – die Spitze des Eisbergs –, einerlei, ob sie körperlicher oder seelischer Natur sind. Hahnemann und Bach bekräftigen damit die uralte Erkenntnis des Ostens, dass das Feinstoffliche dem Grobstofflichen vorausgeht.

Das verdeutlicht übrigens auch Hahnemanns Auswahlmethode. Wie bereits erwähnt, untersuchte er, welche Substanz die Symptome hervorrufen konnte, an denen ein Patient litt. Diese Substanz verabreichte er dann in einer homöopathischen Verdünnung, die (fast) keine Inhaltstoffe mehr enthielt, sondern (fast) nur die feinstoffliche Essenz der ursprünglichen Substanz. Die Ähnlichkeit mit den seelischen Beschwerden schien dabei viel wichtiger zu sein als die Ähnlichkeit mit den körperlichen Symptomen. Selbst wenn ein Mittel in seiner grobstofflichen Form nur die gleichen seelischen Beschwerden, aber keine vergleichbaren physischen Symptome hervorrief, erwies es sich bei der Behandlung der körperlichen Beschwerden häufig als wirksam. Das beweist, dass der Geist den Körper regiert.

Blütenessenzen und homöopathische Arzneien helfen dem Menschen bei allen Aspekten seiner geistigen Entwicklung. Sie verdienen einen Ehrenplatz im Medizinschrank des spirituellen Therapeuten. Wenn Sie nun fragen, welche Mittel besser sind, müssen wir die Antwort schuldig bleiben. Wir können nur einige Anregungen geben. Blütenessenzen zeigen dem Menschen, wie er sein kann; und sobald er so ist, verschwindet das Problem. Homöopathische Arzneien setzen nicht bei der Lösung, sondern bei den Beschwerden an. Sie rütteln uns wach. Unserer Meinung nach passt die positive Wirkung der Essenzen eher in die spirituelle Therapie.

Wenn wir für einen Patienten ein wirksames Heilmittel suchen, geben wir daher den Essenzen den Vorzug. Aber wir müssen auch fragen, was der Patient vorzieht. Vielleicht lassen sich manche Menschen mit homöopathischen Mitteln besser behandeln, während andere eher auf Blütenessenzen ansprechen. Wir haben festgestellt, dass beide Methoden hilfreich sind. Aber welche wirkt am besten für wen? Unter welchen Bedingungen ist die eine hilfreicher als die andere? Das sind vernünftige Fragen, über die wir nachdenken sollten.

25 Was kann bei der spirituellen Entwicklung schief gehen?

Die spirituelle Entwicklung ist ein Weg zum Licht, zur Reinheit, zur Wahrheit, zur Liebe. Auf diesem Weg können wir Fehler machen. Wir sprechen von Fehlern, wenn wir von unserer Wahrheit, von der Reinheit und vom Licht abgelenkt werden und auf die Unwahrheit, die Unreinheit und die Dunkelheit zugehen. Es ist ein Segen, wenn wir Irrwege hellsichtig erkennen. Wir möchten hier auf einige Themen eingehen, die wir bisher nur gestreift haben.

Hellsichtigkeit

Wenn wir in der feinstofflichen Welt etwas wahrnehmen, sprechen wir von Hellsichtigkeit. Wir können zwar mit unseren physischen Augen sehen, aber wir besitzen auch feinstoffliche Augen, die auf der energetischen Ebene sehen können. Manche Menschen sehen die Aura mehr oder weniger deutlich, andere sehen innere Bilder, die für die Vergangenheit oder die Zukunft Bedeutung haben. Sie sehen dann, was sie mit grobstofflichen Augen nicht sehen können. Wieder andere sehen Engel oder die Seelen Verstorbener.

Es gibt auch Menschen, deren innere Ohren gut entwickelt sind. Sie „hören" die Informationen aus der feinstofflichen Welt als Worte. Manche können das so gut, dass sie ganze Bücher hellhörend schreiben. Einige hören andauernd Stimmen aus der anderen Welt, andere können ihr inneres Ohr sehr genau abstimmen und hören nur die Quelle, die sie hören wollen, und zwar zu einem ihnen genehmen Zeitpunkt.

Manche Menschen fühlen genau, wie einem anderen zumute ist. Auch diese Fähigkeit umfasst ganz unterschiedliche Gaben. Es gibt Menschen, die vor allem körperliche Schmerzen spüren; andere fühlen eher, was im Inneren anderer Leute vorgeht. Einige nehmen nur die Oberfläche wahr, andere fühlen sehr tief, wie es jemandem geht – sie erfühlen das innerste Wesen eines Menschen und wissen daher, wie weit sein Herz entwickelt ist.

Die vierte hellsichtige Eigenschaft, die wir hier nennen wollen, ist das Hellwissen. Wenn die höheren Chakras genügend entwickelt sind, können sie höhere Wissensquellen im Kosmos anzapfen, die uns normalerweise nicht zugänglich sind.

Solche Fähigkeiten kommen oft mehrfach vor. Manche Menschen können zum Beispiel hellfühlen und hellwissen, andere können hellsehen und hellfühlen. Welche Fähigkeit wir entwickeln, hängt häufig von unserer Lebenseinstellung ab. Wer die Welt überwiegend denkend erforscht, wird eher hellwissen und hellhören als hellfühlen, und wer die Welt hauptsächlich fühlend erforscht, wird eher hellfühlend sein als hellwissend.

Wie entwickelt sich Hellsichtigkeit?

Die Seele eines Babys hat sich erst vor kurzem inkarniert, und manche Babys können noch wahrnehmen wie in der Astralwelt. Das bedeutet, dass sie die Seele anderer Menschen sehen können. Wissen über die Welt und Worte brauchen sie dafür nicht. Uns ist nicht bekannt, wie viele Babys dazu in der Lage sind, aber wir wissen, dass diese Gabe (auch) von der Entwicklungsstufe der Seele abhängt. Auch bei Zweijährigen kann diese Fähigkeit noch vorhanden sein; aber nach und nach schließt sich der Vorhang, und das Kind nimmt nur noch mit den Sinnesorganen wahr und benutzt den Verstand als Quelle des Wissens. Einige Kinder verlieren ihre Gabe jedoch nie ganz und bleiben mehr oder weniger hellsichtig.

Manche Menschen müssen sich sehr auf andere einstimmen. Dadurch wird die Hellsichtigkeit gefördert. Wir sprechen dann meist von Intuition, aber in Wirklichkeit geht es um Hellsichtigkeit. Man denke zum Beispiel an Therapeuten, die mit Energie arbeiten, und an Masseure, die sanft und intuitiv arbeiten.

Auch Lichtwesen können uns hellsichtig machen. Sie haben die Aufgabe, uns in enger Zusammenarbeit mit der Seele zum Licht zu begleiten. Wir erlangen diese Gabe jedoch nur, wenn sie mit unserer Aufgabe im Leben vereinbar ist.

Wird das Kronenchakra durch bestimmte Initiationsriten geöffnet, kann es heilende Energie empfangen. Im Westen sind die Reiki-Initiationen am bekanntesten.[9] Der Initiierte kann heilende Energie in sich einfließen lassen und sie an andere Menschen, aber auch an Tiere und Pflanzen weitergeben. Wer oft mit Reiki arbeitet, wird in gewissem Umfang hellsichtig. Dieser Prozess beginnt früher, wenn wir aus einer inneren Stille heraus arbeiten. Auch die intuitive Arbeit mit Reiki und die Auraarbeit mit Reiki fördern die Entwicklung der Hellsichtigkeit.

Manchmal wird die Hellsichtigkeit aus ganz anderen Gründen aktiv. Bei Menschen, die missbraucht wurden, entwickelt sich oft diese Fähigkeit, damit sie ihre Umgebung „abtasten" können. Die Grundlage dafür ist immer das Gefühl der Unsicherheit, das sich nach sexuellem Missbrauch und nach Misshandlungen einstellt, oder ein Elternteil, der extrem labil ist und oft falsche Emotionen äußert. Alkoholmissbrauch durch die Eltern kann ebenfalls dazu führen, dass die Kinder hellsichtig werden. Drogenkonsum regt die Entwicklung dieser Fähigkeit sehr oft an. Darauf gehen wir weiter unten ein.

Manchen Seelen fällt die Inkarnation schwer. Sie leben dann vor allem in den höheren Chakras, so dass diese stimuliert werden. Auch das führt dazu, dass sich Hellsichtigkeit entwickelt. Der Mensch lebt dann so sehr in der feinstofflichen Dimension seines Energiesystems, dass er sehr empfänglich für die Energie anderer ist. Das kann so weit gehen, dass er mehr in der Energie anderer lebt als in seiner eigenen. Solche „zerfließenden" Menschen können hellfühlen und haben zu wenig Individualität. Oft können sie nur schwer unterscheiden, was von ihnen ausgeht und was von anderen ausgeht. In solchen Fällen ist eine fachkundige Therapie hilfreich.[10]

Was kann bei der Entwicklung der Hellsichtigkeit schief gehen?

Wenn Menschen entdecken, dass sie hellsichtig sind, reagieren sie unterschiedlich darauf. Manche fürchten sich vor der anderen Welt, aber die meisten freuen sich und haben das Gefühl, dass sich eine Tür für sie geöffnet hat. Bisweilen sind sie stolz darauf. Die meisten sind jedoch kaum oder gar nicht über die Risiken der Hellsichtigkeit informiert. Was kann schief gehen?

Informationen von „drüben"

Stellen Sie sich vor, Sie erhalten Ratschläge aller Art von Menschen, die Sie nicht kennen. Würden Sie die Ratschläge blind befolgen? Wahrscheinlich wollen Sie vorher mehr über diese Menschen wissen. Aber was tun Sie, wenn Sie solche Ratschläge hellsichtig empfangen? Handeln Sie dann blindlings? Viele Menschen tun genau das. Sie glauben, was von der anderen Seite stamme, sei immer gut, und Informationen von „drüben“ kämen selbstverständlich von der hohen Astralebene. Das stimmt aus zwei Gründen nicht.

Die Menschen, die heute auf der Erde leben, befinden sich morgen in der Astralwelt, und jene, die heute in der Astralwelt leben, werden morgen auf der Erde sein. Sie wechseln sozusagen die Plätze. Es besteht kein Unterschied zwischen den Seelen, die auf der Erde leben, und jenen, die in der Astralwelt leben. Wenn Sie es bedenklich finden, den Rat eines unbekannten Menschen zu befolgen, sollten Sie wissen, dass die Qualität der Ratschläge aus der Astralwelt ebenso unterschiedlich ist wie hier auf der Erde. Der zweite Grund hängt mit dem ersten zusammen. Wie bereits erwähnt, können wir die Astralwelt in eine hohe und eine niedere Ebene einteilen. In der hohen Astralwelt befinden sich die Seelen, die in der Liebe leben, in der niederen Astralwelt die Seelen, die keine Liebe kennen, wohl aber Angst, Hass und Düsterkeit. Würden Sie Seelen aus der niederen Welt um Rat fragen? Leider kann das geschehen, wenn das Tor zur anderen Welt offen ist. Beide Welten wollen uns erreichen. Die hohe Astralwelt will uns aus Liebe auf dem Weg zum Licht helfen. Die Wesen dort respektieren immer unseren freien Willen. Die Wesen in der Dunkelheit kümmern sich oft nicht um den freien Willen und wollen uns auch nicht helfen – das ist schließlich ein Aspekt der Liebe –, sondern für ihre eigenen Zwecke einspannen. Die Dunkelheit ist eben egozentrisch, aber sie ist nicht dumm, sondern schlau und gierig. Sie sucht nach Wegen, um in uns einzudringen, und verkleidet sich häufig als Licht.

Wenn Wesen aus der niederen Astralwelt Zugang zu einem Menschen finden, tun sie alles, um ihn in die Dunkelheit zu bringen. Darum ist es wichtig, solche Wesen zu erkennen. Manchmal ist das einfach, weil sie sich „dunkel“ verhalten. Sie wollen zum Beispiel, dass wir anderen schaden. Dazu würden Lichtwesen uns niemals auffordern. Dunkle Wesen können auch Unbehagen auslösen; manchmal so sehr, dass uns die Haare zu Berge stehen. Oft versuchen sie, uns irrezuführen, indem sie uns loben: „Du bist die Beste!“ oder „Du bist der Erste, der dieses erhabene Wissen empfängt“ oder „Unser Wissen stammt von der höchsten Ebene des Kosmos“. Bisweilen geben sie sich für Maria, Jesus, Buddha oder einen anderen makellosen

Meister aus. Manche Menschen lassen sich auf diese Weise beeinflussen. Das kann extreme Formen annehmen. Einige holen bei allem, was sie tun, den Rat der dunklen Wesen ein, und weil sie sich immer „erhabener" fühlen, ziehen sie sich vor ihrer Umgebung zurück. Diese kann dann keinen korrigierenden Einfluss mehr ausüben; denn die Betroffenen halten das Wissen anderer Menschen für bedeutungslos im Vergleich zu den Informationen aus der dunklen Quelle. Die Folge ist eine Depersonalisation; das heißt, die ursprüngliche Person verschwindet immer mehr im Hintergrund, und die dunklen Wesen gewinnen allmählich die Oberhand.

Darum ist es äußerst wichtig, über diese Tatsachen Bescheid zu wissen, wenn sich Hellsichtigkeit entwickelt. Naivität – „alles, was von drüben kommt, stammt von Gott" – ist gefährlich. Die andere Seite ist sehr groß und komplex. Wenn sich Hellsichtigkeit entwickelt, gucken wir sozusagen durch ein Schlüsselloch in die andere Welt. Da wir aber Wissen und Fertigkeiten brauchen, die den meisten Menschen fehlen, glauben wir allzu schnell, die andere Seite zu kennen. Das ist ein gefährlicher Irrtum.

Wenn wir durch Hellsichtigkeit eine Tür zur anderen Welt öffnen, müssen wir unterscheiden lernen, aus welcher Quelle wir Informationen empfangen. Das lernen wir nur, wenn wir rein sind; nur dann können wir richtige Entscheidungen treffen. *Reinheit ist der Wächter an der Tür der Hellsichtigkeit.*

Mitmenschen hellsichtig wahrnehmen

Wie bereits gesagt, können wir Informationen aus der Astralwelt hellsichtig empfangen. Aber wir können natürlich auch andere Menschen hellsichtig wahrnehmen. Damit sind ebenfalls viele Risiken verbunden, von denen wir einige nennen wollen.

Die hellsichtige Wahrnehmung eines Mitmenschen ist außergewöhnlich komplex. Ein Vergleich möge das erläutern. Wir stellen uns einen bestimmten Menschen als Bibliothek vor, die viele Informationen über seine Entwicklung enthält. Es gibt eine Abteilung über frühere Leben, eine über unverarbeitete Emotionen, eine über niedrig-mentale Dinge, eine über Einsicht durch Fühlen, eine über höheres Wissen, eine über angeborene Neigungen, eine über äußere Einflüsse, eine über Selbsterkenntnis, eine über Herzensangelegenheiten und eine über den Körper. Es gibt also viele Ebenen im Menschen, und jede von ihnen enthält eine Fülle von Wissen.

Nehmen wir an, Stefan will Anna hellsichtig wahrnehmen. Er bekommt ein Bild oder ein Gefühl. Von welcher Ebene stammt das Bild? Hier liegt der Kern des Problems. Wenn Stefan nicht weiß, warum er dieses Bild *jetzt* aufnimmt, hat er gar nichts davon. Aber das weiß er nicht. Er steht unter dem Eindruck dessen, was er wahrnimmt und hält alles für äußerst wertvoll – er hat es ja hellsichtig empfangen! Stefan handelt auf der Grundlage dieser Informationen – wie ein blinder Kapitän zwischen Klippen. Wie können wir dieses Problem lösen? Auch das ist eine sehr komplexe Aufgabe, die eine lange Ausbildung voraussetzt. Dabei müssen wir äußerst selbstkritisch sein.

Wichtig ist vor allem, warum wir etwas wahrnehmen wollen. Geht es um die Wahrnehmung als solche oder um ein bestimmtes Ziel? *Wenn wir in unserer Praxis hellsichtig wahrnehmen, benutzen wir einige mental-spirituelle Filter. Vor allem wollen wir nichts erfahren, was der Patient uns verschweigen will. So respektieren wir den Patienten und seinen freien Willen. Das ist eine unabdingbare Voraussetzung für moralisch sauberes Wahrnehmen. Zweitens wollen wir nur das wahrnehmen, was in diesem Augenblick für den Patienten am hilfreichsten ist.*

Die empfangenen Informationen können aus der Vergangenheit, aus der Gegenwart oder aus der Zukunft stammen. Die Fähigkeit, in die Zukunft zu blicken, ist allerdings nur bei sehr wenigen Menschen entwickelt. Was wir in der Vergangenheit wahrnehmen, kann für dieses Leben bedeutsam sein, aber auch für ein früheres Leben. Wer das nicht weiß, gerät in Verwirrung. Wenn wir beispielsweise etwas über den Vater des Patienten erfahren, kann es sich auch um den Vater in einem früheren Leben handeln, und es kann negative Folgen haben, diese Ebenen zu verwechseln.

Wir müssen verstehen, dass wir auf der Grundlage unseres eigenen Erkenntnisniveaus wahrnehmen. Nur sehr wenige Menschen empfangen Informationen von einer höheren Ebene. Was wollen wir also mit unserer hellsichtigen Wahrnehmung erreichen? Wenn wir helfen wollen, brauchen wir entsprechendes Wissen. Nicht jeder kann anderen spirituell helfen, und es gibt zahlreiche Fallen, denen die meisten Therapeuten der Reihe nach ausweichen müssen. Sie müssen wissen, wie Menschen sich entwickeln und wie sie ihre Entwicklung hemmen. Außerdem brauchen sie Weisheit, um Menschen auf ihrem Weg begleiten zu können. Wenn Weisheit um Wissen bittet, empfängt sie ganz andere Informationen, als wenn Emotionen um Wissen bitten. Manche Menschen nehmen hellsichtig wahr, weil sie ein Bedürfnis nach Sensationen haben. Das bewirkt keine vernünftige Entwicklung, sondern führt eher zu Stagnation oder Rückschritten. Auch wer aufs Geratewohl Informationen aus früheren Existenzen sammelt, handelt oft aus Sensationslust oder hemmungsloser Neugier. Das bewirkt kein Wachstum.

Wenn wir bei einem anderen wahrnehmen, werden wir manchmal von äußeren Einflüssen gestört, also vom Energiefeld des anderen. Diese Einflüsse stammen nicht von diesem Menschen selbst. Ist diese Energie sehr stark, beeinflusst sie ihn und uns. Es kann sich um die Energie eines Dritten handeln, die den Patienten aus der Ferne steuert, weil sie daran ein Interesse hat. Der Dritte ist sich dieses Umstandes meist nicht bewusst.

Wenn wir nicht merken, dass unsere Wahrnehmung von dieser äußeren Energie beeinflusst wird, gehen wir davon aus, dass die Informationen aus dieser Quelle vom Patienten stammen. Aber die Interessen beider Parteien können unterschiedlich sein, und wenn wir die Informationen aus der äußeren Quelle zur Grundlage der Therapie machen, unterstützen wir diese Quelle, womit dem Patienten bestimmt nicht geholfen ist.

Das Gleiche kann geschehen, wenn eine astrale Seele die Seele des Patienten beherrscht. Wir denken dabei an eine Seele, die an keinen Körper gebunden ist, sondern in der Astralwelt wohnt. Manchmal arbeiten Astralseelen zusammen und bilden eine Art Seelengruppe, die einen Menschen beeinflusst und versucht, unsere Wahrnehmung zu seinem Vorteil zu lenken. Auch das müssen wir merken.

Es kann zweckmäßig sein, eine solche äußere Quelle anzuhören, um Informationen über das Problem zu erhalten – man weiß dann, unter welchen Einflüssen der Patient steht. Danach muss man diese Einflüsse jedoch energisch abwehren und nur beim Patienten hellsichtig wahrnehmen.

Wenn wir hellsichtig wahrnehmen und unsere Erkenntnisse in Worte fassen, messen viele Leute diesen Worten großes Gewicht bei, als wären sie heilig. Anstatt die Botschaft kritisch zu prüfen, nehmen sie sie als absolute Wahrheit mit nach Hause und tragen sie bisweilen noch Jahre später bei sich. Darum müssen wir sehr vorsichtig sein, sowohl beim Wahrnehmen als auch beim Übermitteln der Botschaft. Sie ist nur dann sinnvoll, wenn sie eine positive Entwicklung einleitet. Jede Wahrnehmung findet in einem bestimmten Rahmen statt: in der jetzigen Situation des Patienten.

Darum darf man die Botschaft nicht verallgemeinern. Was heute für den Patienten sinnvoll ist, muss morgen nicht mehr sinnvoll sein. Wenn ein Arzt heute ein Rezept ausstellt, will er die derzeitigen Beschwerden des Patienten lindern. Das Rezept gilt für die heutigen Symptome, und es wäre unsinnig, wenn der Patient drei Jahre später dasselbe Rezept immer noch benutzen würde, ohne die Situation neu zu prüfen. Das Gleiche gilt für die hellsichtige Wahrnehmung.

Botschaften wie „Ich sehe in drei Jahren einen Mann bei Ihnen" führen fast unweigerlich zu Stagnation oder Rückschritten in der Entwicklung. Dann sitzt die Patientin nämlich drei Jahre auf der „Reservebank" und wartet auf den goldenen Augenblick. Jeder, der vorbeikommt, könnte der Verheißene sein. Wir haben erlebt, dass Patientinnen aus Angst, den für sie bestimmten Mann zu verpassen, nicht mehr auf ihr Herz hörten, sondern sich mit dem erstbesten Mann einließen. Natürlich sind das Extrembeispiele, aber sie illustrieren, worum es geht. Wir müssen uns jedoch dessen bewusst sein, dass weniger krasse Fehler die Heilung ebenfalls verhindern.

Drogen, Alkohol und Zigaretten

In diesem Buch geht es darum, der Spiritualität den ihr gebührenden Platz in der Persönlichkeitsentwicklung und in der Hilfeleistung einzuräumen. Welchen Einfluss haben Drogen und Alkohol auf die spirituelle Entwicklung? Viele Menschen haben in jungen Jahren Drogen konsumiert, und manche nehmen sie auch noch als Erwachsene, bisweilen in der Überzeugung, dass die Drogen sie auf dem spirituellen Weg voranbringen. Zahllose Menschen trinken irgendwann im Leben viel Alkohol, einige trinken ihn täglich. Wie viele Nichtraucher gibt es? Alle diese Substanzen haben auf die Spiritualität eine negative Wirkung. Manche Leser werden diesen Abschnitt nur ungern lesen; aber wir müssen die Wahrheit schreiben, weil sonst großer Schaden entsteht, der sich vermeiden lässt.

Cannabis

Aus Cannabis wird das bekannte Haschisch hergestellt. Zigaretten, die Haschisch enthalten, werden „Joint" genannt. Heutzutage rauchen viele Jugendliche Haschisch, manche nur gelegentlich auf Partys, andere in jeder Pause auf dem Schulhof. Es gibt junge Leute, die zwischen dem vierzehnten und sechzehnten Lebensjahr anfangen, täglich Haschisch zu rauchen, und nicht mehr davon loskommen. Wie kann diese scheinbar harmlose Droge so süchtig machen? Mit Cannabis kann man aus der Realität des Alltags flüchten und sich eine Scheinwelt erschaffen, die oft als schöner empfunden wird. Manchen Jugendlichen gefällt das. Aber was geschieht, wenn sie häufig zum Joint greifen? Sie leben dann in einer Welt, die nichts mit der Wirklichkeit zu tun hat, und verlieren sich in Untätigkeit. Jedes Lebensalter hat aber seine eigenen Aufgaben, und wer Haschisch konsumiert, kann diese Aufgaben nicht lösen. Wir haben im Laufe der Jahre viele Patienten gehabt, die während der Pubertät anfingen, täglich Haschisch zu rauchen, und später weitermachten, beispielsweise bis zum dreißigsten Lebensjahr. Dann wollen sie aufhören und suchen Hilfe. Was ist geschehen? Ihre Altersgenossen haben eine gute Berufsausbildung; sie haben keine. Die meisten bekommen Sozialhilfe, während die anderen einen Beruf haben. Viele Gleichaltrige haben schon ein Haus gebaut; aber sie leben in einem schmutzigen, verräucherten Zimmer. Die anderen haben eine feste Beziehung; sie haben nur unverbindliche sexuelle Kontakte und meist keine Kinder. Nun sind sie dreißig, haben noch nichts erreicht und besitzen weder das Wissen noch die Fertigkeiten, um etwas zu leisten. In ihrer Subkultur und unter dem Einfluss der Droge fühlten sie sich besser als andere Leute. Jetzt, ohne das Haschisch, kommen sie sich unsicher, verwundbar und nackt vor. Sie stehen mit leeren Händen da, und sie wissen es. Die höheren Chakras werden häufig durch die Droge geöffnet, ohne dass es zu innerem Wachstum kommt. Deshalb sind sie geistig oft unrein, ohne es zu wissen.

Täglicher Haschischkonsum ist für Jugendliche, aber auch für Erwachsene überaus gefährlich, und man kann nicht behaupten, dass alles gut wird, wenn die Süchtigen älter werden. Natürlich hören manche Jugendliche nach ein paar Jahren damit auf – aber niemand weiß im Voraus, wer das sein wird. Außerdem ist jedes Drogenjahr ein verlorenes Jahr und beeinflusst die Charakterbildung negativ.

Wenn wir den Haschischkonsum im Licht der spirituellen Entwicklung untersuchen, müssen wir feststellen: Alles, was uns vom Weg nach innen ablenkt, ist falsch. Haschisch entführt uns in eine irreale Welt und ist daher nicht für Menschen geeignet, die auf der Suche nach sich selbst sind. Spiritualität setzt einen klaren Blick voraus.

Pilzdrogen

Pilze sind als bewusstseinsverändernde Drogen sehr beliebt. Manche Menschen glauben, sie könnten sich damit spirituell entwickeln, und die Visionen, die sich einstellen, bestätigen sie in ihrer Meinung. Nehmen wir an, die höheren Chakras werden tatsächlich geöffnet. Was ist die Folge? Man öffnet ein Tor – aber ist es das Tor zu einer höheren, wahren Ebene oder zu einer dunklen Ebene? Wir locken an, was wir aussenden. Wenn wir im Licht stehen, öffnen wir uns dem Licht, und wenn wir nicht im Licht stehen, öffnen wir uns der Dunkelheit. So schön die Visionen auch sein mögen, sie sind keine Garantie für ein gleichmäßiges inneres Wachstum.

Die Erfahrungen, die man sammelt, sind die Folge chemischer Substanzen, nicht eines spirituellen Wachstums. Wie könnten solche Erfahrungen jemals ein Gleichgewicht herbeiführen? Der Süchtige braucht die Droge, um bestimmte Erfahrungen auszulösen. Das zeigt, dass von einer dauerhaften, sinnvollen Entwicklung keine Rede sein kann.

Alkohol

Alkohol benebelt den Geist, sagt man. Er verengt also das Bewusstsein. Aber ein Glas Rotwein soll gesund sein, meinen die Ärzte. Wer hat Recht? Es ist klar, dass die Menge entscheidend ist. Alle sind sich darüber einig, dass viel Alkohol ungesund ist. Aber solange man sich auf ein Gläschen beschränkt – nicht unbedingt jeden Tag –, besteht kein Problem. So denken jedenfalls viele. Wir sind anderer Meinung, denn wir haben während unserer spirituellen Entwicklung selbst erlebt, dass Alkohol schädlich ist. Er verschlechtert die subtile Wahrnehmung, erschwert den Kontakt mit den Energiekörpern und hemmt den Strom der Lichtenergie durch den Körper. Darum haben wir beschlossen, keinen Alkohol zu trinken. Wenn wir uns zur Quelle hin entwickeln wollen, müssen wir auf Alkohol verzichten – auf jeden Tropfen. Aber jeder Mensch kann sich frei entscheiden, auch in Bezug auf Alkohol.

Tabak

Wer viel raucht, hat eine aschgraue, schlecht durchblutete Haut. Seine Aura können wir uns ähnlich vorstellen, denn Tabak legt einen nebelartigen Schleier darüber. Außerdem betäubt das Rauchen die tiefen Gefühle, die wir brauchen, um die Seele zu entwickeln. Rauchen und Spiritualität passen aus diesen Gründen nicht zusammen.

Dürfen wir denn nichts mehr genießen?

Natürlich dürfen Sie Zigaretten, Haschisch, Kaffee und ein Glas Wein genießen. Das steht Ihnen frei. Aber ist es nicht gut zu wissen, was diese Substanzen im feinstofflichen Körper anrichten und wie sie die spirituelle Entwicklung beeinflussen? Macht Wissen nicht frei?

Und was heißt „genießen“? Den Körper mit Chemikalien anregen? Oder wahres Wissen, Lebenskraft und Reinheit erlangen, gesund sein, lieben, innerlich froh sein? Wenn wir uns von stimulierenden Mitteln befreien, können wir uns diesen ursprünglichen Quellen des Glücks öffnen.

New-Age-Läden

Heutzutage wird so ziemlich alles angeboten, um Menschen auf dem spirituellen Weg zu helfen. Es gibt zahllose Kurse, Vorträge, Therapien, Bücher und Zeitschriften. Aber wir dürfen den Weg nicht mit dem Ziel verwechseln. Das Ziel ist die Quelle in uns; der Weg soll uns an dieses Ziel bringen. Wenn wir einen Weg einschlagen, der auf halber Strecke aufhört, war es der falsche Weg. *Ein Beispiel dafür sind Kurse, die Menschen auffordern, ihre Emotionen so heftig wir möglich auszudrücken. Manche Menschen glauben, dies sei das Leben und so kämen sie der Quelle näher. In Wirklichkeit haften sie an den Emotionen, anstatt einen gesunden Abstand von ihnen einzuhalten.*

Auch wenn wir ständig auf diesem Gebiet aktiv sind, ohne echte Fortschritte zu machen, sollten wir uns fragen, ob unser Weg wirklich zum Ziel führt oder ob er uns davon ablenkt. Wir müssen den Mut haben, diese Frage zu stellen, wenn wir weiterkommen wollen.

Einige Missverständnisse

In diesem Abschnitt behandeln wir einige Ansichten über die Spiritualität, die unserer Meinung nach falsch sind. Beginnen wollen wir mit einem heiklen Thema: dem Freitod.

Freitod

Menschen, die daran denken, sich das Leben zu nehmen, wollen ihrem Leiden ein Ende zu machen, und sei es nur für kurze Zeit. Manche erwarten, dass nach dem Tod alles aus ist, oder sie glauben, dass die Existenz nach dem Tod nicht so schlimm sein kann wie das Leben auf Erden. Dieser Abschnitt wendet sich an alle, die verzweifelt sind oder verzweifelte Patienten behandeln.

Der Mensch hat eine unsterbliche Seele, die nach dem Tod in der Astralwelt lebt. Diese astrale Ebene ist psychoplastisch, das heißt, sie formt sich nach unserer inneren Haltung. Wenn wir glücklich sind, leben wir in einer Welt des Glücks; wenn wir unglücklich sind, leben wir in einer Welt, in der man sich unglücklich fühlt. Wer so verzweifelt ist, dass er sich das Leben nimmt, kommt in eine Welt der Verzweiflung, in die niedere astrale Welt. Diese Seelen sind so tief in Angst versunken, dass die Lichtwesen sie nur sehr schwer erreichen können. Das macht den Freitod noch bitterer.

Ein Patient namens Stefan erzählte uns, er habe ab und zu hellsichtige Träume, in denen er Informationen aus der Welt des Lichts empfange. Vor einigen Jahren dachte er ständig daran, sich das Leben zu nehmen. In einem Traum nahmen Lichtwesen ihn in die Welt mit, die ihn nach einem Freitod erwartete. Seither hat er nie wieder ernsthaft an Freitod gedacht. Diese Welt hatte drei wichtige Merkmale: Es gab keine Farben, sondern nur ein nebliges Grau, das alles einhüllte; es herrschten Verzweiflung, Panik und Entsetzen; und die Welt war so überfüllt, dass alle Seelen aneinandergepresst wurden. Vom Leben auf Erden blieb also auf der anderen Seite nur die Hoffnungslosigkeit übrig, die zum Freitod führte. Auf der Erde sieht man auch frohe und glückliche Menschen, und man kann über Auswege nachdenken, so unerreichbar sie auch scheinen mögen. Hier gibt es viel mehr Platz als auf der anderen Seite, wo die Wahlmöglichkeiten sehr beschränkt sind.

Das tibetische Buch vom Leben und Sterben gibt Menschen, die an einen Freitod denken, wichtige Ratschläge. Die Tibeter haben das Leben und Sterben auf der anderen Seite gründlich erforscht und sind darin wahre Spezialisten geworden. Das Buch erklärt, dass den Menschen, die sich das Leben nehmen, sehr schwer zu helfen ist. Nur weit fortgeschrittene Meister können ihre Seele erreichen. Das zeigt, wie isoliert die Seele nach einem Freitod ist. Außerdem haben wir im Westen keinen Zugang zu solchen Meistern.

Die Selbsttötung tötet in der Tat das Selbst. Das Selbst ist zwar unsterblich und bleibt es auch nach einem Freitod auf Erden. Aber das Leben auf der Erde soll ein Weg zum Selbst sein, zur absoluten Liebe. Der Freitod ist der Gegenpol dazu. Er bringt uns dem Selbst nicht näher, sondern entfernt uns von ihm. Wir verlieren das Selbst aus den Augen, und die Reise zu ihm wird erheblich verlängert und infolgedessen leidvoller. Es ist, als gäbe es kein Selbst mehr, und in diesem Sinne kann man sagen, dass der lebensmüde Mensch sein Selbst tötet.

Als Therapeuten wissen wir, dass verzweifelte Menschen sich besser fühlen, wenn man ihnen diesen Sachverhalt erklärt – ihr Fluchtweg ist dann versperrt, und sie müssen auf dieser Welt zurechtkommen.

Es gibt keinen Zufall

Heutzutage hört man öfter die Bemerkung, nichts geschehe zufällig. Das stimmt; aber oft wird diese Tatsache missverstanden. Wenn uns etwas „zufällt", dann deshalb, weil wir es selbst herbeigeführt haben. Wir sind selbst verantwortlich für alles, was uns begegnet. Wenn es etwas Unangenehmes ist, seufzen wir vielleicht: „Das geschieht nicht zufällig!"; aber damit verfehlen wir den Kern der Sache. Es hätte nämlich nicht geschehen müssen! Es geschah, weil wir es so wollten. Hätten wir anders gehandelt, wäre es nicht geschehen.

Sandra wollte als Kind nie lernen, und als junge Frau wollte sie nicht arbeiten. Jetzt ist sie vierzig, geschieden und Sozialhilfeempfängerin. Damit ist sie nicht zufrieden. Sie will mehr Geld verdienen, klagt aber darüber, dass die Arbeit, die sie haben könnte, ihr nicht gefällt und schlecht bezahlt wird. „Ach ja", seufzt sie, „es wird schon für etwas gut sein. Es gibt keinen Zufall. Dann lebe ich eben von der Sozialhilfe."

Sandra macht den Kosmos für die schlechten Jobs verantwortlich, die man ihr anbietet. Sie erkennt nicht, dass sie und niemand anders diese Situation heraufbeschworen hat. Als junges Mädchen wollte sie nicht lernen, und als Erwachsene sammelte sie keine Berufserfahrung. Es ist also kein Wunder, dass sie jetzt keine schöne, gut bezahlte Stelle bekommt. So belehrt uns das Leben über die Folgen unseres Handelns.

Wenn etwas Unerfreuliches geschieht, müssen wir uns also fragen: „Wie habe ich das verursacht? Was soll ich daraus lernen? So kommen wir im Leben weiter.

Jeder Weg führt zu Gott – darum ist es egal, was ich tue

Immer wieder bekommen wir zu hören, es spiele keine Rolle, wie man lebe, denn jeder Weg führe zu Gott. Schließlich hat Gott seine Schäflein unendlich lieb, und wir dürfen leben, so oft wir wollen, bis wir zu Gott zurückkehren. In gewissem Sinne ist das wahr. Aber wir dürfen einen wichtigen Punkt nicht vergessen: Falsche Wege verursachen unnötiges Leiden. Nehmen wir einen Heroinsüchtigen als Beispiel. Seine Seele gerät völlig aus dem Gleichgewicht, und dunkle Kräfte ergreifen von ihm Besitz. Die Folge ist, dass er sehr viel leiden muss, und außerdem lässt er seine Umgebung mitleiden. Er vermehrt also die Dunkelheit im Kosmos und erzeugt viel negatives Karma, das er irgendwann abarbeiten muss.

Das ist aber noch nicht alles. Wenn wir unsere Seele zerrütten, hat die Dunkelheit freie Hand. Die Lichtkraft in uns nimmt ab, und irgendwann kann das Licht uns gar nicht mehr erreichen. Dann stürzen wir in eine endlose Tiefe. Wie viele Leben brauchen wir, um wieder nach oben zu kriechen? In diesem Leben ist oft jede Hilfe vergeblich.

Der Hinduismus geht noch einen Schritt weiter. Er lehrt, dass falsches Verhalten zu einer Wiedergeburt auf niedrigeren Bewusstseinsebenen führt. Wir können nach dem Tod als Tier wieder geboren werden, wenn wir als Mensch unwürdig gelebt haben. Ob das stimmt, wissen wir nicht; aber es gibt uns zu denken.

Jeder Mensch ist für seinen Weg zum Licht selbst verantwortlich, und jeder Mensch darf so langsam gehen, wie er will. Dank dieser Freiheit können wir aber auch einen kurzen Weg gehen und dabei unseren Mitmenschen möglichst wenig Schaden zufügen. Das ist eine bewusste Entscheidung, die voraussetzt, dass wir immer bewusst handeln. Dieser Weg ist positiv, gut und gerecht.

Schluss

In diesem Buch haben wir aufgezeigt, wie wir der Spiritualität in der Persönlichkeitsentwicklung einen Platz einräumen können. Wir haben untersucht, wie eine Therapie die wichtige spirituelle Dimension berücksichtigen kann. Natürlich ist die Reise damit nicht zu Ende. Wir haben auf unserer Reise dankbar das große Wissen über die spirituelle Entwicklung genutzt, über das manche Kulturen verfügen. Wir sind den großen Menschen, die dieses Wissen aufgebaut haben, aufrichtig dankbar. Was geschieht, wenn westliche Therapeuten über die Grenzen der materiellen Welt hinausgehen? Wie fördern andere große Kulturen die Entwicklung des Menschen? Wie helfen sie Menschen in seelischer Not? Es gibt so viele Arten der Hilfe auf der Welt. Liegen hier nicht enorme Chancen für die Psychiatrie und die klinische Psychologie? Sollte die Wissenschaft dieses Wissen aus den großen Quellen nicht bündeln und weitergeben? Wäre das nicht viel wirksamer und preiswerter, als nur den Weg zu gehen, den die Psychiatrie und die klinische Psychologie heute eingeschlagen haben?

Anmerkungen

1 Logion 22 des Thomasevangeliums in Slavenburg, Messing, Stufkens, 1994

2 Der Arbeitstitel dieses Buches ist *Opvoeden in liefde* (In Liebe erziehen). Es soll im Herbst 2004 in der holländischen Originalausgabe erscheinen.

3 Unter Energie, die aus dem Gleichgewicht geraten ist, verstehen wir hier jene Energie, die aufgrund eines Ungleichgewichts auf den Therapeuten projiziert wird. Manchmal wird sie im Verhalten offenkundig, manchmal nicht. Einige Patienten sind sich mehr oder weniger bewusst, was auf der feinstofflichen Ebene geschieht.

4 Selbst wenn ein Mensch die Quelle sein Leben lang missachtet hat, wird er sie erreichen, sofern er sich ihr im Augenblick des Todes wieder zuwendet.

5 „Heilig" ist, was uns zum Göttlichen führt. Bei uns hat der Begriff also eine andere Bedeutung als in der katholischen Kirche.

6 Wir gehen weiter unten genauer auf Blütenessenzen ein. In unserem Buch *Energetischer Schutz* beschreiben wir ausführlich, wie man mit Blütenessenzen arbeitet.

7 Wir vermeiden das am liebsten, weil wir mit einem Patienten offen kommunizieren wollen. Wenn wir Fragen laut stellen, wird der Prozess der Bewusstwerdung auf einer anderen Ebene gefördert.

8 Nach unserer bescheidenen Erfahrung ist es bisweilen sinnvoll, auch diese Mittel zu potenzieren. Wir empfehlen sehr niedrige Potenzen bis D6. Wir würden es begrüßen, wenn man diesen Vorschlag aufgreifen würde.

9 Gerne verweisen wir auf unser Buch *Reiki als Berufung*. Dort beschreiben wir die Arbeit mit Reiki ausführlich – sie kann ein Beruf sein, der durch Einsicht und Erfahrung zur Berufung wird.

10 Wir verweisen auf unser Buch *Energetischer Schutz*.

Literatur

Brennan, Barbara Ann, *Licht op de aura*, Gottmer, Bloemendaal 1991

Delnooz, A., *Energetischer Schutz*, Windpferd, Aitrang 2001

Delnooz, A., und P. Martinot, Reiki als Berufung, Windpferd, Aitrang 2003

Delnooz, A., und P. Martinot, *Op weg naar zuiverheid: Inzicht in dualiteit*, Ankh-Hermes, Deventer 2001

Delnooz, A., und P. Martinot, *Voeding en spiritualiteit*, Ankh-Hermes, Deventer 2002

Delnooz, A., und P. Martinot, *Bezielde communicatie (met jezelf, je kind en je partner)*, Ankh-Hermes, Deventer 2002

Hahnemann, Samuel, *Organon der geneeskunst*, Homeovisie, Alkmaar 1996

Kaminski und Katz, *Flower essence repertory*, The Flower Essence Society, Nevada City 1994

Kriyananda, Goswami, *The Spiritual Science of Kriya Yoga*, Atlantic Books, September 1999

Mossel, Erik, *Bhagavad Gita*, Panta Rhei, Katwijk 1993

Sankaran, Rajan, *Het wezen van de homeopathie*, Elmar, Rijswijk 1993

Sogyal Rinpoche, *Het Tibetaanse boek van leven en sterven*, Servire, Utrecht 1995 (dt. *Das tibetische Buch vom Leben und Sterben*, Fischer-TB, Frankfurt 2004)

Stolp, Hans, *De geboorte van Christus in ons: Een moderne inwijdingsweg*, Ankh-Hermes, Deventer 2001

Yogananda, *Autobiografie van een yogi*, Ankh-Hermes, Deventer 2000 (dt. *Autobiografie eines Yogi*, O. W. Barth bei Scherz, 1995)

Über die Autoren

Die Autoren wohnen und arbeiten in Gendt in den Niederlanden (zwischen Nijmegen und Arnhem). Sie haben ihr ganzes Berufsleben lang in der (alternativen) Gesundheitspflege gearbeitet. Sie beraten, halten Vorträge und geben Kurse. Beratungen sind für Kinder, Erwachsene und Paare möglich. Aktuelle Informationen über Beratungen, Vorträge und Kurse finden Sie auf der Webseite der Autoren: **www.de-verbinding.com**

Anschrift
Fons Delnooz und Patricia Martinot
Kruisstraat 21
6691 EP Gendt
NIEDERLANDE
Telefon: 0031-0481-422114
E-Mail: D&M@de-verbinding.com

Wir stehen für Kurse vor Ort im In- und Ausland zur Verfügung und bitten um Anfragen. Persönlichen Rat erteilen wir nur im Rahmen von Konsultationen, manchmal auch bei Kursen, jedoch nicht per E–Mail, Brief oder Telefon.

Fons Delnooz

Energetischer Schutz

Wie man sich vor Energieverlust, verunreinigten Energien und unerwünschter Schwingungsresonanz schützen kann

Mit vielen praktischen Anleitungen

Dieses Buch ist ein Muss für Therapeuten und Patienten, die mit Energien und Körperenergien arbeiten, aber auch ein Buch für empfindsame Seelen, die beruflich oder privat viel mit Menschen zu tun haben.
Energieverlust sowie die Aufnahme verunreinigter Energien und Schwingungsresonanzen können dazu führen, dass man immer häufiger nach der Arbeit extrem müde und reizbar nach Hause kommt, kaum noch Energie für Familie und Freunde oder andere Aktivitäten aufbringen kann. Mit diesem Buch wird man lernen, Schritt für Schritt diesem Energieverlust vorzubeugen, auch im zwischenmenschlichen Energieaustausch, selbst über große Entfernungen hinweg.

144 Seiten · ISBN 3-89385-380-4

Fons Delnooz & Patricia Martinot

Reiki – die Berufung zum Heilen

Die unsichtbare Welt hinter Reiki · Energetische Werkzeuge für ein tieferes Verständnis der Reiki-Erfahrung

Mit der Einweihung in Reiki betritt man eine bislang unbekannte und komplexe Welt. Was genau nach dem Eintritt in die „unsichtbare" Welt geschieht, erfährt man hier: Ob und warum Energie fließt – oder auch nicht, wie die Energie in der Praxis gereinigt und gestärkt werden kann … Es ist ein Buch für Menschen, die sich zum Heilen berufen fühlen – und dieser Aufgabe hingebungsvoll folgen. Es beschreibt den kompletten Ausbildungsweg zum berufenen Reiki-Praktizierenden und -Meister und zeigt auch seine hohen Anforderungen. In einzigartiger Weise begleiten kraftvolle farbige Praxisvorlagen die Anleitungen, Symbole und Zeichnungen mit heilkräftiger, öffnender und schützender Wirkung.

220 Seiten · ISBN 3-89385-409-6

Besuchen Sie uns im Internet unter
www.windpferd.de

Waltraud-Maria Hulke

Handbuch der heilenden Energien

Die praktische Anwendung der heilenden Energien von Gedanken, Farben, Edelsteinen, Chakren und Pflanzenkräften. Mit vielen Rezepten und Anleitungen für Heilung, Ernährung und Schönheit

Das «Handbuch der heilenden Energien» ist eine umfassende Anleitung zur Entdeckung und praktischen Anwendung subtiler Energien, die unser gesamtes Sein, die innere Harmonie und unser Wohlbefinden in entscheidender Weise beeinflussen. Die Autorin beschreibt die Möglichkeiten, sich kreativ mit Krankheit auseinanderzusetzen und die Grundlagen für positive Entwicklungen selbst zu schaffen. Aus vieljähriger Erfahrung im Umgang mit subtilen Heilenergien entstanden Tipps und Rezepte zur inneren wie äußeren Schönheitspflege und zur Unterstützung der Kondition, wie «Energietrunk», «Stimulierung der Lebensgeister», «Stärkung der Abwehrkräfte»..., die jeder leicht zubereiten kann.

272 Seiten · ISBN: 3-89385-066-X

Straten

Die geheimnisvollen Kräfte der Farben – offenbart –

Farben zur Erkenntnis von Körper, Geist und Seele. Anleitungen, Tests, Diagnosen und Selbstbehandlungen. Mit großem Farben-Kompaß

Ein umfassendes Handbuch über Licht und Farben, das von der Physik über die Metaphysik bis hin zur Farbpsychologie reicht. Über die Auswertung von Farb-Tests findet man zu seinem Farbprofil, wobei Farbvorlieben ebenso wie Ablehnungen eine Rolle spielen. Ausführliche psychologische Deutungen dazu finden sich in einem speziellen Farben-Kompaß. Darüber hinaus werden die Heilkräfte der Farben in der Selbstbehandlung beschrieben. Schließlich verraten zwölf ausführliche Farbportraits ebensoviel über den Charakter der Farben wie der Menschen, die sie lieben oder ablehnen. Und nicht zuletzt erfährt man Hochinteressantes über die Farben in der Schöpfung des Universums.

272 Seiten, inklusive 10 Farbabbildungen · ISBN: 3-89385-343-X

Besuchen Sie uns im Internet unter
www.windpferd.de

Walter Lübeck

Das Aura Heilbuch

Die Aura lesen und deuten lernen · Energiefelder farbig sehen und zur ganzheitlichen Heilung einsetzen

Jeder Mensch hat eine Aura, eine Art farbiges Energiefeld, das seinen Körper umgibt und seinen augenblicklichen Gesamtzustand widerspiegelt. Gefühle, Schmerz, Liebe oder Leid und gesundheitliche Störungen verändern die Aura und geben dem, der sie zu „lesen" versteht, wichtige Aufschlüsse über seine Mitmenschen und die Möglichkeiten der Heilung oder der positiven Einwirkung.
Walter Lübecks Buch ist eine Schritt-für-Schritt-Anleitung, die den Leser über die Sensibilisierung für feinstoffliche Schwingungen zum Aurasehen führt.

280 Seiten · ISBN 3-89385-082-1

Trudi Thali

Lichtbahnen-Heilung

Öffnung und Heilung des Lichtkörpers mit der spirituellen Meridianbehandlung

Lichtbahnen sind jene geheimnisumwobenen Energiekanäle, die wir aus dem alten Reich der Energiearbeit, dem traditionellen China, kennen.
Dabei bringt die Lichtbahnen-Heilung die Energien durch sanftes Berühren des Körpers mit den Handflächen zum freien Fließen. Mit nur 14 Handpositionen ist es somit möglich, in allen Meridianen – und damit in allen Körperbereichen – das ungehinderte Fließen universeller Lebensenergie anzuregen. Dieses freie Fließen universeller Energie entlang der Lichtbahnen, die den Körper durchziehen und mit kosmischer Energie versorgen, unterstützt die Selbstheilung, lindert Beschwerden, fördert die spirituelle Entfaltung und erhöht die mediale Sensibilität. Die Lichtbahnen-Behandlungen sind sehr einfach auszuführen, vergleichbar mit jenen der Reiki-Behandlungen.

160 Seiten · ISBN 3-89385-377-4

Mehr vom Windpferd Verlag
im Internet unter www.windpferd.de